Reclams Städteführer Salzburg

Reclams Städteführer Architektur und Kunst

Salzburg

Von Hildegard Kretschmer

Mit 20 Abbildungen und 3 Karten

Reclam

RECLAMS UNIVERSAL-BIBLIOTHEK Nr. 19358

Umschlagabbildung: Dom – ©Prisma Bildagentur / Alamy Stock Photo
Innenklappe: hinten: Mirabellgarten – © Imago/Imagebroker (oben);
Getreidegasse – © Fotolia/aldorado (unten)
Druck: Memminger MedienCentrum
Satz und Bindung: Reclam, Ditzingen. Printed in Germany 2016
RECLAM, UNIVERSAL-BIBLIOTHEK und
RECLAMS UNIVERSAL-BIBLIOTHEK sind eingetragene Marken
der Philipp Reclam jun. GmbH & Co. KG, Stuttgart
ISBN 978-3-15-019358-7

Auch als E-Book erhältlich

www.reclam.de

Inhalt

Anhang

Salzburg
Von der Römerstadt zur internationalen Kulturmetropole

Bald nach der Eroberung des keltischen Königreiches Noricum 15 v. Chr. besetzten die Römer die bereits seit der Jüngeren Steinzeit besiedelte Gegend des heutigen Salzburg und gründeten Iuvavum, das unter Kaiser Claudius (41–54 n. Chr.) zur Stadt erhoben wurde. Bereits ab dem 4. Jh. dürfte es hier Christen gegeben haben. Um 470 kam der hl. Severin nach Iuvavum, wo er eine Kirche vorfand. Ab 488 verließ nach der Aufgabe der Provinz Noricum unter Odoaker ein Großteil der Römer das Gebiet. Im 6./7. Jh. übernahmen die Bajuwaren die Herrschaft.

Um 696 traf der hl. Rupert (Hroudbert), ein fränkischer Missionar und Bischof von Worms, im ehemaligen Iuvavum ein, das ihm zusammen mit einem Teil der Solequellen von Reichenhall von Theodbert, dem auf dem Festungsberg residierenden Sohn des bayerischen Herzogs Theodo, übertragen wurde. Rupert errichtete eine Kirche, gründete die Abtei St. Peter und das Frauenkloster auf dem Nonnberg. Mit dem Beistand Theodberts erschloss und missionierte er darüber hinaus das weitere Umland. 711/712 gründete er die Maximilianszelle im Pongau. Rupert starb vermutlich 716 in Worms oder außerhalb von Salzburg. 739 wurde in Salzburg unter dem ersten Bischof Johannes ein Bistum errichtet, 746/747 der irische Abt und Missionar Virgil der Leiter der Diözese und 749 ihr Bischof. Ihm verdankt die Stadt den Bau des ersten Domes und eine erste kulturelle Hochblüte, u. a. auf den Gebieten der Buchmalerei im Skriptorium von St. Peter (Lutbrecht-Evangeliar), das noch bis ins späte Mittelalter Bedeutendes leistete, und der Goldschmiedekunst (Tassilokelch). Seit der Mitte des

8. Jh.s ist auch der Stadtname Salzburg bezeugt. Wohl 774 wurden die Gebeine des hl. Rupert nach Salzburg überführt und am 24. September der Dom geweiht.

Ein weiterer Bedeutungszuwachs Salzburgs erfolgte mit der Erhebung zum Erzbistum und zum Metropolitansitz der bayerischen Kirchenprovinz im Jahr 798. Der erste Erzbischof war Arn (Arno). Die Kirchenprovinz reichte von Bayern bis Ungarn und vom Trentino bis Böhmen. Salzburg waren die Bistümer Regensburg, Passau, Freising, Säben (später Brixen) und Neuburg unterstellt. Außerdem ist es das älteste noch bestehende Erzbistum im deutschen Sprachraum. Die Missionierung wurde nun bis Niederösterreich und Pannonien ausgedehnt. Um 930 kam es zur Errichtung des Domkapitels. 987 erfolgte die Trennung von Abtei St. Peter und Erzbistum und damit auch von Abt- und Bischofswürde in einer Person. Zu einem zunehmend unabhängigen Herrschaftsbereich im Heiligen Römischen Reich wurde das Bistum in der ottonischen Zeit durch Grafschaftsrechte.

1027 erhielt der Bischof von Salzburg das päpstliche Privileg der Legatenwürde (*legatus natus*) mit dem Recht auf Kardinalspurpur und Bischofsweihe. Der Salzburger Erzbischof wurde zum »Mezzopapa«. Das erste Eigenbistum, d. h. Bistum mit alleinigem Besetzungsrecht durch den Erzbischof ohne Mitwirkung des Papstes oder Königs, war 1072 Gurk. 1166 wurde über das Erzbistum unter Erzbischof Konrad II. die Reichsacht verhängt, da dieser den von Kaiser Friedrich Barbarossa ernannten Gegenpapst Paschalis nicht anerkannte. In der Folge kam es durch Anhänger des Kaisers zu Plünderungen und 1167 zu einem großen Brand, der mehrere Kirchen vernichtete. Dem Wiederaufbau verdankte die Stadt ihren für die damalige Zeit ungewöhnlich großen romanischen Dom.

Um 1185 setzte neben der seit der Zeit Ruperts bestehenden Nutzung der Solequellen von Reichenhall der Salzabbau am

Dürrnberg wieder ein, den ursprünglich schon die Kelten betrieben hatten. Unter Erzbischof Eberhard II. (1200–46) begann zu Beginn des 13. Jh.s die politische Eigenständigkeit des Erzstiftes Salzburg, das den weltlichen Herrschaftsbereich des Bischofs darstellt, im Gegensatz zum weit umfangreicheren geistlichen Seelsorgebereich als Metropolitansitz der bayerischen Kirchenprovinz. Nun entstanden auch die Eigenbistümer Chiemsee, Seckau und Lavant. 1328 kam es zur ersten eigenen Landesordnung für das Erzstift Salzburg, das sich vorher immer noch an Bayern orientiert hatte. Das Herrschaftsgebiet wurde durch Zukäufe erweitert und war bis zur Säkularisation 1803 etwa ein Drittel größer als das heutige Bundesland Salzburg.

Das späte Mittelalter war geprägt von Machtkämpfen der Bischöfe vor allem mit den benachbarten Wittelsbachern und Habsburgern sowie dem Adel und den Städten im eigenen Land, von Pest, Judenverfolgungen, Bauernaufständen und Hungersnöten, aber auch von einer reichen Kunstproduktion. Salzburg war ein wichtiges Zentrum der Anfertigung von »Schönen Madonnen« und Vesperbildern in der Zeit um 1400. Im Verlauf des späteren 15. Jh.s schufen Conrad Laib und Rueland Frueauf d. Ä. für die Stadt bedeutende Werke spätgotischer Malerei. Um 1500 unter Erzbischof Leonhard von Keutschach blühte das Land auch wirtschaftlich wieder auf. Salzburg war nach Nürnberg und Augsburg die wichtigste Handelsstadt am Fondaco dei Tedeschi in Venedig. In der Festung haben sich mit die schönsten Prunkräume der Spätgotik erhalten. Doch die Stadt stellte sich gegen den Bischof. 1511 nahm dieser die Ratsherrnen fest und zwang sie zum Verzicht auf die ihnen 1481 von Kaiser Friedrich III. gewährten Privilegien der freien Wahl des Stadtrates und des Bürgermeisters anstelle der Ernennung durch den Bischof. 1525 führten der Einfluss der Reformation und eine neue Waldordnung zum Aufstand der

Bergknappen und Bauern gegen den Nachfolger Erzbischof Kardinal Matthäus Lang von Wellenburg, erneut 1526. Es kam zu Erleichterungen für die Bauern, doch nicht zur geforderten Aufhebung der Hörigkeit und zur Religionsfreiheit.

Nachdem vor allem in den Gebirgsgauen desolate Zustände unter dem Pfarrklerus herrschten und ein Kryptoprotestantismus weit verbreitet war, setzte in Salzburg mit der Berufung neuer Orden wie der Franziskaner in der zweiten Hälfte des 16. Jh.s die Gegenreformation ein. 1587 wurde der noch nicht 28-jährige, in Rom ausgebildete Wolf Dietrich von Raitenau zum neuen Erzbischof, gewählt. Von seinem Selbstverständnis her mehr Fürst als Bischof führte er moderne Verwaltungsmethoden ein, beschnitt in absolutistischer Manier den Einfluss der Stände und des Domkapitels und verweigerte den Beitritt zur 1609 gegründeten Katholischen Liga. Mit der Salzburger Bürgertochter Salome Alt lebte er im Konkubinat. Als Fürst unternahm er den entscheidenden Schritt zur Neugestaltung Salzburgs nach italienischem Vorbild. Es gehörte zum Selbstverständnis der Fürsten jener Zeit, ihre Stadt durch Bauten zu verschönern. Wolf Dietrichs großes Vorbild dürfte dabei sein Onkel Kardinal Marcus Sitticus Altemps gewesen sein, ebenso aber das urbanistische Erneuerungsbestreben der damaligen Päpste. Wolf Dietrich griff dabei vermutlich auch ganz direkt in Details der Planungen ein. Etwa 70 geplante und meist auch begonnene Bauvorhaben von seiner Hand sind bekannt, u. a. neben Dom und Residenz das Schloss Altenau (Mirabell), der Sebastiansfriedhof, das Kapuzinerkloster, das Augustinereremitenkloster, der Hofmarstall, der begonnene Neubau einer steinernen Salzachbrücke und das Müllegger Tor in der Stadt selbst und außerhalb Schloss Blühnbach, die Wallfahrtskirche am Dürrnberg, Schloss Gmünd und der Fürstentrakt von Kloster Michaelbeuern.

Um 1600 war Salzburg nach Prag und München eines der bedeutendsten Kunstzentren in Mitteleuropa. Wolf Dietrich holte nicht nur Vincenzo Scamozzi an den Hof, sondern u. a. auch den Stuckator Elia Castello, den Maler Kaspar Memberger und die Goldschmiede Paul von Vianen und Hans Karl, deren ursprünglich für Salzburg geschaffene Kostbarkeiten heute allerdings im Palazzo Pitti in Florenz zu bewundern sind. Als Bischof war Wolf Dietrich ein entschiedener Vertreter der Gegenreformation. Er errichtete ein Priesterseminar und berief neue Orden (Kapuziner und Augustinereremiten) nach Salzburg, Protestanten wurden vertrieben. Der alte Streit mit den Wittelsbachern um die unabhängige Propstei Berchtesgaden, um den Absatz des Halleiner Salzes und um Einfluss und Wirtschaftsmacht endete für Wolf Dietrich nach seiner Besetzung der Propstei 1611 mit der Inhaftierung, der Besetzung Salzburgs durch Bayern und der 1612 erzwungenen Amtsniederlegung. Seine letzten Lebensjahre bis 1617 musste er als Gefangener in der Festung Hohensalzburg verbringen. Zum neuen Erzbischof wurde 1612 sein eigener Vetter Marcus Sitticus von Hohenems gewählt. Dieser erwies sich durch Hinhaltetaktiken als geschickter Verhandler mit Kurfürst Maximilian I. von Bayern. Salzburg trat auch unter ihm nicht der Katholischen Liga bei, doch Protestanten mussten das Land verlassen.

Marcus Sitticus war persönlich sehr fromm, gründete Bruderschaften, förderte Wallfahrten und die Heiligenverehrung. 1615 holte er die Barmherzigen Brüder zur Gründung eines Krankenhauses nach Salzburg; 1617 stiftete er ein Benediktinergymnasium, den Vorläufer der Universität. Als Bauherr berief er für den neu zu planenden Dom Santino Solari. Auf Marcus Sitticus gehen neben dem Dom u. a. Schloss Hellbrunn, zwei nicht mehr erhaltene Kirchen, Kapellen in der Franziskanerkirche und in St. Peter und das Studiengebäude zurück. Auch den Residenzneubau setzte er fort. Marcus Sitticus war darüber hinaus ein Förderer von Musik und Theater und brachte die italienische Oper nach Salzburg. Die Domweihe 1628 oblag bereits seinem Nachfolger Erzbischof Paris Graf Lodron, der überdies die Festung ausbaute und einen Befestigungsgürtel zum Schutz der Stadt anlegen ließ. Paris Lodron, der ebenfalls den Beitritt zur Katholischen Liga verweigerte, konnte so das Erzstift aus den Kampfhandlungen des Dreißigjährigen Krieges heraushalten. 1622 gründete er überdies die vom Benediktinerorden betreute Universität. Wirtschaftlich bedeutete die Zeit des Dreißigjährigen Krieges jedoch auch für Salzburg eine hohe Belastung und einen auch nach Kriegsende anhaltenden Niedergang. Die nachfolgenden Erzbischöfe Guidobald Graf Thun und Max Gandolph Graf Kuenburg konnten dennoch den Dom und mit den Dombögen den Domplatz vollenden, den Residenzbrunnen errichten und die Wallfahrtskirche Maria Plain, das Kajetanerkloster samt Kirche und die Erhardkirche erbauen. Geprägt war diese Zeit aber auch von Protestantenvertreibungen und Hexenprozessen.

Das heutige barocke Erscheinungsbild der Stadt wurde neben Wolf Dietrich vor allem vom nächsten Erzbischof Johann Ernst Graf Thun geprägt. Dieser richtete nicht nur eine Reihe von sozialen Stiftungen für Kranke und im Bildungswesen ein, er berief auch Johann Bernhard Fischer von Erlach zu seinem Baumeister. Johann Ernst Thun orientierte sich an den Gepflogenheiten des Kaiserhofs in Wien, und damit ging auch in Salzburg die Tradition, vor allem italienische Künstler an den Hof zu holen, zu Ende. Doch römischer Hochbarock war auch die Basis für Fischers Kunst, der für die Stadt vier Kirchenkomplexe entwarf, im Bereich des Hofmarstalls tätig war und Schloss Kleßheim erbaute. Salzburg war nun endgültig zum »deutschen Rom« geworden, wie es ein Brief des Baumeisters Giovanni Gaspare Zuccalli 1699 bezeugt. Für die Salzburger Bevölkerung blieb jedoch vor allem die Regierungszeit des nächsten Erzbischofs, Franz Anton Graf Harrach, in positiver Erinnerung. Die Wirtschaft blühte auf. Die Stadt nannte man »Schmalzburg«, und noch lange nach dem Tod des Landesherrn schwärmte man von den goldenen »Harrachzeiten«. Die Prunkräume der Residenz wurden neu ausgestattet und das heute nur noch in vereinfachter Form erhaltene Schloss Mirabell erneuert. Als Architekt wurde nun jedoch Fischers viel dekorativer arbeitender Konkurrent Johann Lucas von Hildebrandt nach Salzburg geholt. Dazu erinnern Werke von Johann Michael Rottmayr, Bartolomeo Altomonte als Freskanten und Georg Raphael Donner als Bildhauer an diese Epoche.

Erneut wirtschaftlich schwierige Zeiten brachen unter Erzbischof Leopold Anton Freiherr von Firmian (1727–44) herein. Besonders negativ in Erinnerung blieb dessen Emigrationspatent von 1731, das die in den Gebirgsgauen verbliebenen Protestanten zur Emigration zwang. Außerdem wurde das Land in die Wirren des Österreichischen Erbfolgekrieges zwischen Österreich und Bayern hineingezogen. Erzwungene Einquartierungen und Plünderungen waren die Folge. Als Bauherr verewigte sich Firmian durch die Erbauung von Schloss Leopoldskron. Nach seinem Tod gab Salzburg seine politische Neutralität auf und bezog eindeutig Stellung für die Habsburger. Unter Erzbischof Siegmund Graf Schrattenbach litt es jedoch aufgrund des Siebenjährigen Krieges zwischen Österreich und Preußen unter hohen Steuern, unter einer allzu aufwendigen Hofhaltung und unter extrem strengen Sittenerlassen.

1756 wurde Wolfgang Amadeus Mozart als Sohn des Hofkapellmeisters Leopold Mozart in Salzburg geboren. Der letzte regierende Fürstbischof war Hieronymus Graf Colloredo. Er war ein bedeutender Vertreter der katholischen Aufklärung, bemühte sich um Reformen, förderte Literatur und Wissenschaft und auch Musik und Theater. Der junge Mozart litt jedoch unter den Verhältnissen am sehr sparsamen Salzburger

Hof und suchte 1781 um seine Entlassung an. Auch beim Volk schuf sich Colloredo durch eine falsche Finanzpolitik, durch viele Bevormundungen, durch Verbote zahlreicher volkstümlicher Glaubenspraktiken wie z. B. Wallfahrten, Passionsspiele oder Weihnachtskrippen und die Abschaffung von Feiertagen keine Freunde. In den Auseinandersetzungen der Napoleonischen Kriege floh er 1800 ins Exil nach Brünn. Salzburg wurde von französischen Truppen besetzt. Ungeheure Summen an Kontributionsforderungen stürzten das Land in den Ruin, und sowohl Franzosen als auch anschließend Bayern und Österreicher raubten seine Kunstschätze.

1803 wurde das Erzstift säkularisiert und in ein Kurfürstentum unter Großherzog Ferdinand von Toskana umgewandelt. Eine kurze Periode der Erholung folgte, dann brach der Krieg mit Napoleon erneut aus. Salzburg wurde wieder von den Franzosen besetzt. 1806 verlor das Land seine Selbständigkeit, gehörte bis 1809 zu Österreich, anschließend zu Bayern und kam 1816 endgültig zu Österreich, musste aber zahlreiche Gebietsabtretungen hinnehmen (u. a. Rupertiwinkel) und wurde von Linz aus regiert. Die Kunstsammlungen der Erzbischöfe waren zerstreut (u. a. Florenz, Wien, München, Venedig, Padua). Es folgte eine Zeit großen wirtschaftlichen Niedergangs und bitterer Armut für weite Bevölkerungskreise. Die Jahre ab 1815 führten aber auch zur Entdeckung der Stadt durch die Romantiker, allen voran Ferdinand Olivier. Damals – noch mit unregulierter Salzach und umgeben von Alleen und zahlreichen kleinen Schlösschen, wie es das Panorama im Panorama Museum zeigt – entwickelte sich Salzburg zu einem bis heute beliebten Reiseziel. Doch erst in der zweiten Jahrhunderthälfte, als Salzburg zum österreichischen Kronland erhoben wurde, kam es wieder zu einem mäßigen Aufschwung. Die Festungsfunktion wurde 1860 aufgelassen, der größte Teil der Anlagen abgetragen und die Salzach recht kanalartig reguliert.

1860 war die Bahnverbindung mit Wien fertiggestellt, 1909 die Tauernbahn bis Triest. Die Schließung vieler unrentabler industrieller Betriebe wurde durch den nun einsetzenden Fremdenverkehr kompensiert. Die Gründerzeit brachte auch einen Bauboom. Zahlreiche historistische Gebäude erinnern daran noch heute.

Nach dem Ersten Weltkrieg wurde Salzburg 1920 Bundesland der Republik Österreich. Die Jahre nach dem Ende der Donaumonarchie waren auch schon vor der 1929 einsetzenden Weltwirtschaftskrise schwierig, erlebten aber auch die Gründung der schon seit dem Ende des 19. Jh.s immer wieder angedachten Festspiele 1920 durch Hugo von Hofmannsthal und Max Reinhardt mit der ersten Aufführung des *Jedermann* von Hugo von Hofmansthal vor der Domfassade.

1938 kam es zum Einmarsch Hitlers in Österreich. Die Salzburger bejubelten den Anschluss frenetisch und erhofften sich einen wirtschaftlichen Aufschwung wie im benachbarten Deutschland. Hier erfolgte die einzige Bücherverbrennung durch die Nationalsozialisten österreichweit, und bereits im Februar 1939 wurde in der Stadt durch die von Berlin angeordnete Dachbodenentrümpelung wertvolles Kulturgut vernichtet. Große Opfer unter der Zivilbevölkerung und Zerstörungen an der historischen Bausubstanz brachten dann die Luftangriffe der Alliierten auf die unverteidigte Stadt. Vor allem mit amerikanischer Hilfe konnte nach Kriegsende der Wiederaufbau in Angriff genommen werden.

1953 kam es zur Gründung der bis heute bestehenden Internationalen Sommerakademie für bildende Kunst durch Oskar Kokoschka und Friedrich Welz als »Schule des Sehens« auf der Festung Hohensalzburg. 1962 wurde die Universität wiedergegründet, Fachhochschulen und eine medizinische Privatuniversität folgten. Salzburg entwickelte sich zum internationalen Touristenziel und zur Kulturmetropole, die mit den 2002 gegründeten Siemens Fest>Spiel>Nächten auf dem Kapitelplatz aber anders als bei den eigentlichen Festspielen auch die weniger betuchte einheimische Bevölkerung an kulturellen Höhepunkten teilnehmen lässt. Ebenfalls in diesem Jahr wurde der Walk of Modern Art, ein Skulpturenparcours für Salzburger Plätze, von der Salzburg Foundation, einem privaten Förderverein für moderne Kunst, mit mittlerweile zwölf Skulpturen gestiftet, um den Ruf Salzburgs als heutige Kulturmetropole zu stärken. Die ursprünglich von privaten Sponsoren finanzierten Werke wurden allerdings 2013 an den Industriellen Reinhold Würth verkauft. Das Areal des Domquartiers wurde in einer Zusammenführung mehrerer Museen und unter Neugründung des Museums St. Peter 2014 eröffnet.

Stadtgeschichte in Daten

Bald nach 15 v. Chr.	Gründung der römischen Siedlung Iuvavum
Um 50 n. Chr.	Erhebung zur Stadt
Um 470	hl. Severin in Iuvavum
6./7. Jh.	Übernahme der Herrschaft durch die Bajuwaren
Um 696	Gründung der Abtei St. Peter durch Rupert
739	Salzburg wird Bistum
749	Virgil wird Bischof
Um 750	erstmals der Stadtname Salzburg bezeugt
24. 9. 774	Weihe des Virgildomes
798	Salzburg wird Erzbistum
987	Trennung von Erzbistum und Abtei St. Peter
1027	Papst Johannes XIX. verleiht Erzbischof Thietmar die Legatenwürde
1077	älteste Wehranlage auf dem Festungsberg
1130–43	Stiftskirche St. Peter
1166	Reichsacht für Erzbischof Konrad II. und Zerstörung zahlreicher Kirchen
1177–98	Bau des stauferzeitlichen Doms
1179	Die Legatenwürde steht nun allen Erzbischöfen mit ihrem Amtsantritt zu
12. Jh.	Anlage des Almkanals mit Stollen durch den Mönchsberg durch die Abtei St. Peter
13. Jh.	Beginn der politischen Eigenständigkeit des Fürsterzbistums Salzburg
1223	Langhaus Franziskanerkirche
1328	erste eigene Landesordnung für das Erzstift Salzburg
1336	zweiter Almkanalstollen beim Bürgerspital
1511	Erzbischof Leonhard von Keutschach nimmt die Ratsherren der Stadt fest

1525/26	Bauernaufstand gegen Erzbischof Kardinal Matthäus Lang von Wellenburg
1587	Wolf Dietrich von Raitenau wird Erzbischof
1612	Marcus Sitticus von Hohenems wird Erzbischof
1613–15	Schloss Hellbrunn
1614	Grundsteinlegung für den heutigen Dom
1622	Gründung der Universität
1628	Domweihe
1666	Titel »Primas Germaniae« für den Salzburger Erzbischof als ranghöchsten Fürstbischof des Heiligen Römischen Reiches urkundlich gesichert
1669	Felssturz vom Mönchsberg mit über 200 Toten und zahlreichen zerstörten Gebäuden
1687	Johann Ernst Graf Thun wird Erzbischof
1709	Franz Anton Graf Harrach wird Erzbischof
1727	Leopold Anton Freiherr von Firmian wird Erzbischof
1731	Emigrationspatent, Vertreibung von etwa 22 000 Protestanten
1756	Geburt von Wolfgang Amadeus Mozart
1772	Hieronymus Graf Colloredo wird der letzte regierende Erzbischof
1800	Napoleon besetzt erstmals Salzburg
1803	Säkularisierung des geistlichen Erzstiftes
1803–05	Kurfürstentum Salzburg unter Ferdinand III. von Toskana
1806–10	Salzburg wird österreichisch
1810	Salzburg wird bayerisch
1816	Salzburg kommt endgültig zu Österreich, zahlreiche Gebietsabtretungen, Hauptstadt ist Linz

1850	österreichisches Kronland, Salzburg wieder Hauptstadt des gleichnamigen Landes
ab 1852	Regulierung der Salzach
1860	Auflassung der Festungsfunktion
	Westbahn von Wien bis Salzburg eröffnet
Ab 1866	Abtragung eines Teils der Befestigungsanlagen, Stadterweiterung
1875	erste Druckwasserleitung aus Fürstenbrunn
1909	Eröffnung der Tauernbahn bis Triest
1920	Salzburg wird Bundesland der Republik Österreich
	Gründung der Festspiele, erste Aufführung des *Jedermann*
1938	Einmarsch Hitlers in Österreich
1944/45	große Zerstörungen durch die Luftangriffe der Alliierten auf die unverteidigte Stadt
1953	Gründung der Internationalen Sommerakademie für bildende Kunst
1962	Neugründung der Universität
1965	The Sound of Music (Geschichte der Trapp-Familie)
1967	Lex Salisburgensis – Gesetz zur Erhaltung der Salzburger Altstadt
	Herbert von Karajan ruft die Osterfestspiele ins Leben
1973	Errichtung der Georg-Trakl-Forschungs- und Gedenkstätte
	Herbert von Karajan gründet die Pfingstfestspiele
1997	Salzburger Altstadt wird UNESCO-Weltkulturerbe
2001	Weltwirtschaftsgipfel in Salzburg
2002	Walk of Modern Art der Salzburg Foundation begonnen

erstmals Siemens Fest>Spiel>Nächte auf dem Kapitelplatz

2014 Eröffnung des Domquartiers

Kunstprojekt Krauthügel initiiert

Eröffnung des neuen Hauptbahnhofs

Kulturkalender

Januar

Glöcklerlauf (5. 1.), Sternsingen vor dem Dreikönigsfest (6. 1.), Aperschnalzen (6. 1.)
Mozartwoche – traditionsreiche Konzertreihe, initiiert vom Mozarteum in der Woche um den Geburtstag Mozarts am 27. 1.

Februar

Faschingsonntag – Fahnenschwingen und Metzgersprung im Bezirk St. Peter

März/April

Palmsonntag – Palmsonntagsprozession mit Palmbuschen
Karwoche – Osterfestspiele und Osterpassion im Kleinen Festspielhaus
Am Wochenende um den Georgstag (23. 4.) Georgikirchweih am Kapitelplatz und Georgiritt vom Kapitelplatz zur Georgskapelle auf der Festung Hohensalzburg mit Pferdesegnung
Art & Antique – Salzburger Kunst- und Antiquitätenmesse

Mai/Juni

1. Mai – Maibaumaufstellen im Freilichtmuseum Großgmain
Pfingsten – Pfingstfestspiele
Ende Mai / Anfang Juni – Salzburger Dult, einwöchige Jahrmarktsveranstaltung auf dem Messegelände mit Festzug und Bindertanz
Anfang Juni – Gaisbergrennen mit historischen Automobilen

Juli/August

Sommerfestspiele
Sommerszene – Kunstfestival
Salzburger Hochschulwochen
Art Salzburg, Kunstmesse

September

24. September – Rupertikirtag und Rupertischießen um den Dom und auf der Festung

Oktober/November

Salzburger Jazz-Herbst – internationales Jazzfestival

Dezember

Christkindlmärkte, v. a. Dom- und Residenzplatz, Mirabellplatz, Schloss Hellbrunn
Um den 6. Dezember – Krampuslauf in der Altstadt
Adventserenaden im Gotischen Saal der Blasiuskirche
Adventsingen im Großen Festspielhaus
Anklöckeln – erste drei Dezemberdonnerstage
Adventblasen
Weihnachtsblasen (24. 12.)
Turmblasen (31. 12.)

Rundgänge

Rundgang A – Fürstenstadt (*siehe Karte 24/25*):
Dom (S. 27), Domplatz (S. 37), Kapitelplatz (S. 57), Residenzplatz (S. 38), St. Michael (S. 56), Domquartier mit Prunkräumen der **Residenz** (S. 40), Residenzgalerie (S. 185), Dommuseum (S. 183) und Museum St. Peter (S. 184), Bezirk **St. Peter** (S. 72)

Rundgang B – **Bürgerstadt**: (*siehe Karte S. 24/25*):
Waagplatz (S. 60), Judengasse (S. 61), Alter Markt (S. 61), **Getreidegasse** mit Durchhäusern (S. 62), **Bürgerspitalkirche** (S. 96), **Hofmarstallschwemme** (S. 93), Universitätsplatz (S. 88), **Kollegienkirche** (S. 81), Furtwänglerpark (S. 89) und Studiengebäude (S. 88), **Franziskanerkirche** (S. 65), Mozartplatz (S. 59), Salzburg Museum (S. 186), Kaiviertel (S. 101), **Stift Nonnberg** (S. 108), St. Erhard (S. 112)

Rundgang C (*siehe Karte S. 24/25*):
Festung Hohensalzburg (S. 116), Mönchsberg (S. 120), Museum der Moderne (S. 64), Markuskirche (S. 98), Müllner Kirche (S. 146), Johannspitalskirche (S. 149)

Ausflug: Hellbrunnerallee (S. 157), Schloss **Hellbrunn** (S. 158) und Morzg (S. 164)

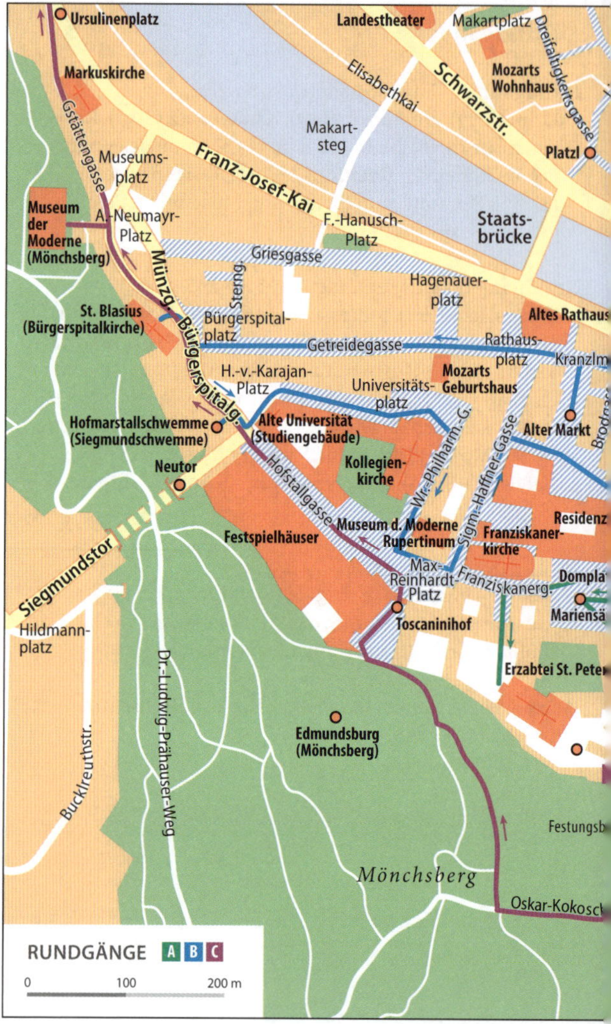

Ursulinenplatz
Landestheater
Makartplatz
Dreifaltigkeitsgasse
Markuskirche
Elisabethkai
Schwarzstr.
Mozarts Wohnhaus
Makart-
steg
Platzl
Gstättengasse
Museums-
platz
Franz-Josef-Kai
Museum der Moderne (Mönchsberg)
A.-Neumayr-
Platz
F.-Hanusch-
Platz
Staats-
brücke
Griesgasse
Münzg.
Sterng.
Hagenauer-
platz
St. Blasius (Bürgerspitalkirche)
Bürgerspital-
platz
Altes Rathaus
Getreidegasse
Rathaus-
platz
Bürgerspitalg.
H.-v.-Karajan-
Platz
Mozarts Geburtshaus
Universitäts-
platz
Hofmarstallschwemme (Siegmundschwemme)
Alte Universität (Studiengebäude)
Wr.-Philharm.-G.
Sigm.-Haffner-Gasse
Alter Markt
Neutor
Kollegien-
kirche
Hofstallgasse
Residenz
Museum d. Moderne Rupertinum
Franziskaner-
kirche
Festspielhäuser
Siegmundstor
Max-
Reinhardt-
Platz
Franziskanerg.
Toscaninihof
Hildmann-
platz
Dr.-Ludwig-Prähauser-Weg
Edmundsburg (Mönchsberg)
Bucklreuthstr.
Mönchsberg
RUNDGÄNGE A B C
0
100
200 m

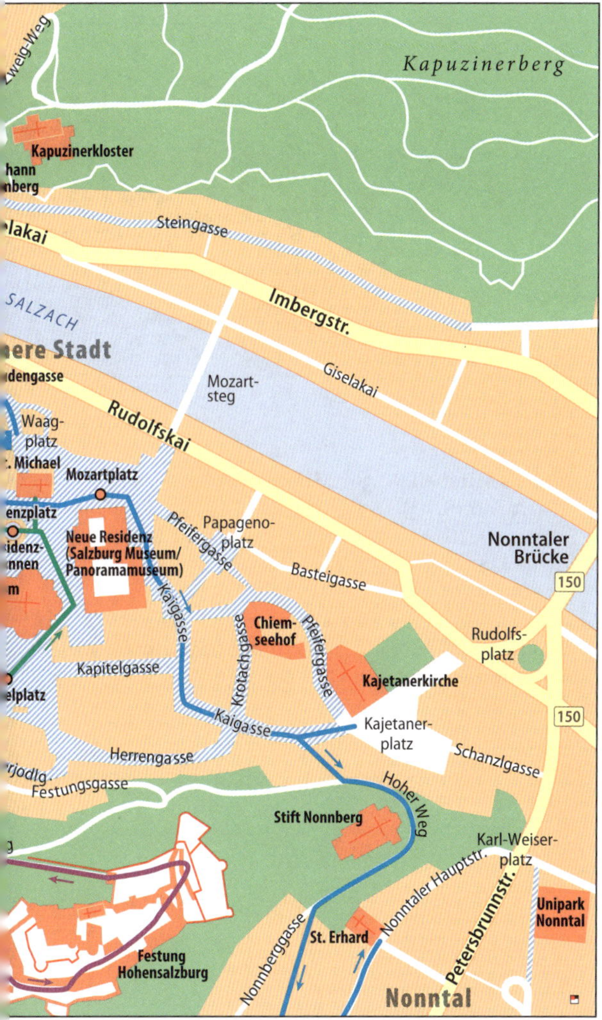
Kapuzinerberg
Kapuzinerkloster
hann
nberg
lakai
Steingasse
SALZACH
Imbergstr.
ere Stadt
dengasse
Mozart-
steg
Giselakai
Rudolfskai
Waag-
platz
. Michael
Mozartplatz
enzplatz
Neue Residenz
(Salzburg Museum/
Panoramamuseum)
idenz-
nnen
m
Pfeifergasse
Papageno-
platz
Basteigasse
Nonntaler
Brücke
150
Kaigasse
Chiem-
seehof
Krotachgasse
Pfeifergasse
Rudolfs-
platz
Kajetanerkirche
Kapitelgasse
elplatz
Kaigasse
Kajetaner-
platz
150
Herrengasse
Schanzlgasse
rjodlg.
Festungsgasse
Hoher Weg
Stift Nonnberg
Karl-Weiser-
platz
Nonntaler Hauptstr.
Petersbrunnstr.
Unipark
Nonntal
Festung
Hohensalzburg
Nonnberggasse
St. Erhard
Nonntal

Rundgang D:

Schloss Mirabell (S. 136), **Mirabellgarten** (S. 139), Makartplatz (S. 133), Dreifaltigkeitskirche (S. 130), Linzergasse (S. 122), St. Sebastian (S. 125) und Sebastiansfriedhof (S. 128), Kapuzinerberg (S. 122)

Weitere Ausflugstipps: **Maria Plain** (S. 172), Söllheim (S. 176), **Anif** (S. 178), Großgmain mit **Freilichtmuseum** (S. 182), **Keltenmuseum Hallein** (S. 188)

Die Altstadt links der Salzach, Kaiviertel, Nonnberg und Nonntal, Festungsberg und Mönchsberg

Altstadt links der Salzach

Dom zum hl. Rupert und hl. Virgil (I D6): Die Bischofskirche befindet sich im Zentrum der ehemaligen Fürstenstadt. Durch Lage und Baumasse bildet sie einen wichtigen städtebaulichen Akzent. Außerdem stellt der Salzburger Dom den ersten großen frühbarocken Kirchenbau nördlich der Alpen dar. Mit dem Baustil wurden auch der einem tonnengewölbten Saal mit Kapellen entsprechende Bautypus und das Motiv der Kuppel aus Italien importiert. Der Innenraum gilt als »reinster italienischer Monumentalbau nördlich der Alpen« (Alois Riegl). Des Weiteren wurde hier in den Stuckfeldern erstmals ein vielteiliger Bilderzyklus in Freskotechnik angebracht. So wurde der Salzburger Dom ein wichtiges Vorbild für den nachfolgenden Kirchenbau im gesamten süddeutschen Raum.

Der Gründer des **ersten Domes** war der 749 zum Bischof von Salzburg geweihte Iroschotte Virgil. Wohl gegen 762/763 begann er mit dem Bau, einem der mächtigsten Kirchenbauten des 8. Jh.s, der am 24. September 774 geweiht wurde. Zugleich wurden die Gebeine des wohl in Worms verstorbenen Bischofs Rupert nach Salzburg überführt. Der erste Dom war eine dreischiffige Basilika nach langobardischem Vorbild mit Apsis, aber ohne Querhaus. Seine die meisten anderen Kirchen im fränkischen Reich übertreffende Größe war erstaunlich und führte zur Vermutung, dass die Bischofskirche auch als Krönungskirche für die Agilolfinger, die bayerischen Herzöge, gedacht gewesen sein könnte. Das bajuwarische Herzogtum verlor jedoch 788 nach der Absetzung Herzog Tassilos III. durch

Karl d. Gr. seine Selbständigkeit. Nach 845 wurde der Chorraum verlängert, unter Erzbischof Hartwik (991–1023) erhielt der Virgil-Bau ein Westwerk und einen tiefen Ostchor. Zwei hohe Westtürme kamen unter Erzbischof Konrad I. (1106–47) hinzu. 1167 wurde dieser Dom zusammen mit vier anderen Kirchen, drei Klöstern und zahlreichen Bürgerhäusern von den Grafen von Plain niedergebrannt, da Erzbischof Konrad II. wegen seines Widerstandes gegen den kaiserlichen Gegenpapst Paschalis unter die Reichsacht gefallen war. Der Nachfolger, Erzbischof Konrad III. aus dem Hause Wittelsbach, errichtete etwa 1181–98 eine der Vormachtstellung Salzburgs in der bayerischen Kirchenprovinz angemessene neue Bischofskirche unter Einbeziehung der alten Westtürme. Dieses **romanische Münster** war nach aktuellem Forschungsstand dreischiffig, hatte einen basilikalen Grundriss mit gewölbtem, dreigeschossigem Mittelschiff, ein ausladendes Querschiff, einen über einer Krypta erhöhten Chor und einen einfachen Stützenwechsel. Die Länge betrug knapp über 110 Meter. Der Salzburger Dom war also größer als der Kaiserdom von Speyer. An das nördliche Seitenschiff fügten sich zusammenhängende Kapellenanbauten an, die jedoch zum Querhaus hin abgeschlossen waren, also genauso wenig wie der südlich an den Dom anschließende Arm des Kreuzgangs vom Domkloster ein viertes und fünftes Schiff bildeten. Über der Vierung erhob sich ein mächtiger achteckiger Turm mit Rundbogenfenstern. Zwei Westtürme mit Fensterrosen, Türme über den Querhausapsiden und zwei kleine Treppentürme an der Chorapsis bestimmten die weitere Außenerscheinung. Zum Dombereich gehörten damals auch die Dompropstei, das Kapitelhaus, die Domschule und ein Friedhof. 1598 kam es im fürstbischöflichen Oratorium zu einem Brand, der vor allem Dach und Türme des Gotteshauses zerstörte. Das Innere blieb aber weitgehend intakt. Erzbischof Wolf Dietrich dürfte damals nur die Absicht

Dom, Fassade

gehabt haben, den Dom zu modernisieren. 1599 begannen Abbrucharbeiten, um die Türme zu erneuern, die Krypta zu beseitigen und den Chor tieferzulegen. Die Altäre und die Orgel samt Empore wurden demontiert. Nun kam es zu einer Unterbrechung und 1602 zum Plan eines gänzlichen Neubaus. Wolf Dietrich wollte der Stadt insgesamt ein moderneres Aussehen verleihen, und dabei sollte wohl auch der Dom in neuen Formen entstehen. 1603 beauftragte er den italienischen Architekten Vincenzo Scamozzi mit der Planung für einen neuen Dom. Scamozzi war geprägt von der klassischen Architektur Andrea Palladios und ein bedeutender Architekturtheoretiker. Er kam im Winter 1603/04 nach Salzburg und schickte später aus Venedig Pläne. Wie viel und was Scamozzi für Salzburg wirklich geplant oder nur angeregt hat, darüber gibt es in der Forschung unterschiedliche Ansichten und keine eindeutigen Dokumente. 1606–08 wurde der alte Dom jedenfalls komplett abgerissen. Auch angrenzende Gebäude wurden abgetragen, da der neue Kirchenbau nun in Nord-Süd-Richtung auf den Residenzplatz hin ausgerichtet sein sollte. Auch der Domfriedhof wurde geschlossen. Das Graben für die Fundamente des neuen Gotteshauses und die Grundsteinlegung sind für 1611 belegt. Der Dom Wolf Dietrichs sollte eine Doppelturmfassade in Richtung Residenzplatz haben und wäre noch größer gewesen als der heutige Dom. Von welchem Baumeister der für die Bauausführung bestimmte Plan tatsächlich stammte, ist nicht geklärt. Scamozzi war es wohl kaum, denn sein im Salzburg Museum bewahrter Grundriss von 1606 dürfte nach neueren Forschungsergebnissen die Kopie einer überarbeiteten Idealzeichnung für das fünfte, nicht veröffentlichte Buch von Scamozzis Traktat *Idea dell'architettura universale* (Venedig 1615) sein und nicht auf einem realen Bauplan beruhen. 1611 folgte der Einmarsch der Bayern unter Kurfürst Maximilian I. in Salzburg und Wolf Dietrichs Sturz. Die Bauarbeiten wurden eingestellt. Der neue Erzbischof Marcus Sitticus setzte den Bau Wolf Dietrichs nicht fort, sondern ordnete eine komplette Neuplanung an, nun wieder mit der Ausrichtung nach Osten. In seinem Konzept mag auch enthalten gewesen sein, den neuen Dom im Typus mehr dem alten romanischen anzugleichen. 1612 wurde die Stelle des obersten Baumeisters mit dem Comasken Santino Solari besetzt. Dessen Planung weist in Gliederungselementen und Jochteilungen Ähnlichkeiten mit Scamozzis Idealplan auf, dürfte aber auch dem Ausführungsplan aus der Zeit Wolf Dietrichs nahestehen und lässt zusätzlich oberitalienische Einflüsse erkennen. Die Fundamente Wolf Dietrichs wurden abgetragen, die erneute Grundsteinlegung erfolgte 1614. Beim Tod von Marcus Sitticus 1619 waren der Chor und die Konchen vollendet, die Türme zur Hälfte hochgeführt und das Mittelschiff in Bau. Die Kuppel fehlte noch. Geweiht wurde das noch nicht vollendete Gotteshaus unter Erzbischof Paris Graf Lodron am 25. September 1628 im Rahmen einer spektakulären Feier mit illustrer Gästeschar. 1635 wurde der Dom zur Stadtpfarrkirche. Die Arbeiten an den Türmen, der Fassade und der Ausstattung der Seitenschiffe zogen sich zum Teil bis zum Ende des Jahrhunderts hin. 1650, nach der Beendigung des Dreißigjährigen Krieges, stiftete Paris Lodron nochmals eine größere Summe für die Ausschmückung. Damals dürften die Giebel- und Ballustradenfiguren an der Fassade entstanden sein. Die Turmabschlüsse und die Dombögen, die maßgeblich für die beeindruckende Geschlossenheit des Platzes verantwortlich sind, wurden als Verbindung zur Residenz unter Erzbischof Guidobald Graf Thun bis 1668 errichtet. J. B. Fischer von Erlach entwarf die Schneckenstiege im nördlichen Domturm. Im 18. und 19. Jh. wurden mehrere Renovierungen durchgeführt, darunter auch eine weitgehende Überarbeitung der Fresken (1875–80). Großen Schaden richteten 1944 amerikanische Fliegerbomben an. Die Instandsetzungsarbeiten dauerten bis 1959, die zerstörten Fresken wurden anhand von Fotografien rekonstruiert. Als neue Ausstattungsstücke kamen neben dem mittlerweile ersetzten Chorgestühl die Kanzel, eine neue Krypta als Grablege der Erzbischöfe und bronzene Domtüren dazu.

Der durch Regelhaftigkeit und Harmonie bestechende **Grundriss** des Domes in seiner heutigen Gestalt weist ein

Langhaus mit Kapellen auf. Chor und Querhausarme sind als kleeblattförmige Dreikonchenanlage gebildet. Die Kapellen sind durch Öffnungen miteinander verbunden, doch wird dadurch kein regelrechtes Seitenschiff ausgebildet. Solaris Grundriss kombiniert Anregungen aus der ersten Planung von Scamozzi (Dreikonchenanlage) und aus Sebastiano Serlios Traktat *Tutte l'opere d'architettura* (1584, z. B. die Form der Türme), wohl aber auch vom gerade im Bau befindlichen Dom seiner Heimatstadt Como. Die dreigeschossige flache, als Schaufront in italienischer Art ausgebildete **Doppelturmfassade** ist gegenüber dem unverputzten Nagelfluh des übrigen Baukörpers durch die Verwendung von Untersberger Marmor hervorgehoben. Sie ist durch Pilaster in toskanischer, ionischer und korinthischer Ordnung in Superposition gegliedert, die jedoch nicht die Raumteilung des Inneren spiegeln. Die Geschosse werden durch Gesimse abgesetzt. Die achteckige Kuppel, eine der ersten nördlich der Alpen, ist vor allem in der Fernsicht wirksam. Drei Rundbögen führen in die Vorhalle. Oft wird die Ähnlichkeit der Fassade mit der Kirche S. Lorenzo el Real im Escorial (1585) betont, doch war dieses Fassadenschema damals insgesamt sehr verbreitet. Es führt außerdem die Grundform des alten Domes weiter. Ob für die Fassade von Anfang an Statuenschmuck vorgesehen war, ist nicht eindeutig geklärt. Deren Ausführung zog sich jedenfalls bis etwa 1700 hin. Seitlich der drei Eingänge zur Vorhalle befinden sich auf wappentragenden Postamenten links und rechts der Mitte die Apostel Petrus (Schlüssel) und Paulus (Schwert), bedeutende Barockplastiken von Michael Bernhard Mandl (1697/98). An den Außenseiten stehen die älteren, stärker blockhaft gestalteten Hll. Rupert (Salzfass) und Virgil (Dommodell), die Bartholomäus van Opstal oder Jakob Gerold zugeschrieben werden. Als Patrone der Weltkirche und des Erzbistums stellen sie sinnbildlich die Fundamente der Kirche dar. Auf der Balustrade darüber erscheinen die vier Evangelisten, auf dem Giebelaufsatz Christus Salvator zwischen Flammenvasen und links und rechts die Propheten Moses und Elias, eine Anspielung auf die Verklärung Jesu auf dem Berge Tabor. Ungesichert ist ihre Zuschreibung an Tommaso di Garona. Die Wappen im Giebelaufsatz verweisen auf die Erbauer Marcus Sitticus und Paris Lodron. Die von der Vorhalle ins Innere des Domes führenden Bronzeportale aus den Jahren 1957/58 enthalten Darstellungen der drei theologischen Tugenden von Giacomo Manzù (Mitte, Tor der Liebe), Toni Schneider-Manzell (links, Tor des Glaubens) und Ewald Mataré (rechts, Tor der Hoffnung). Über die Treppe rechts gelangt man ins Dommuseum bzw. zum Domquartier (s. S. 183).

Im **Inneren des Domes** beeindruckt der festlich-feierliche Charakter des Raumes. Der tonnengewölbte Longitudinalbau mit seitlichen, zum Hauptschiff hin weit geöffneten Kapellen ist typisch für den Kirchenbau der Gegenreformation. Über den Kapellenöffnungen befinden sich Oratorien mit Balkonen. Die schwer und monumental wirkende Hochwand wird durch kraftvolle, gekuppelte Doppelpilaster mit Kompositkapitellen gegliedert. Sie gleicht fast einer Palastfront. Ebenso schwer erscheint die durch Gurtbänder geteilte Tonne. Die für die damalige Zeit eher altmodisch in Achteckform errichtete Vierungskuppel mit einer Höhe von 71 Metern hebt das Zentrum des Dreikonchenchores mit seinen abgeschrägten Vierungspfeilern durch große Lichtfülle hervor. So wird eine Steigerung zum Altarbereich im Vergleich zum dunkleren Langhaus erzielt. Der schwere weiße Stuck mit Schwarzfassung in den Vertiefungen und reichem Formenrepertoire geht auf Giuseppe Bassarino und seine Werkstatt zurück (gegen 1630) und spiegelt oberitalienische Einflüsse. Beim Salzburger Dom handelt es sich jedoch um den ersten Großbau nördlich der Alpen, bei dem zusätzlich zur damals bereits üblichen Stuckierung in den Feldern ein vielteiliger **Bilderzyklus** in Freskotechnik angebracht ist (nach Karl Möseneder). Ob das Konzept auf den Baumeister Solari oder den Maler Arsenio Donato Mascagni zurückgeht, ist nicht geklärt. Ein wichtiges Vorbild dürfte die Mutterkirche des Theatinerordens in Rom, San Andrea della Valle, gewesen sein. Aber auch das neue Kirchenverständnis nach dem Konzil von Trient wirkte hier ein. Umgekehrt wurde das Salzburger Dekorationsschema zum Vorbild für zahlreiche süddeutsch-österreichische Kirchenbauten. Der Überlieferung nach soll Paris Lodron selbst, möglicherweise aber auch schon zuvor Marcus Sitticus, an der Erstellung des Programms mitgewirkt haben, das im Sinne eines auf ein Ziel hinführenden Weges die Erlösung der Menschheit durch die Passion Jesu Christi und dessen Auferstehung und Überwindung des Todes zum Inhalt hat. In das ikonologische Programm wurden auch die Altäre mit einbezogen. Die von dem zum Salzburger Hofmaler berufenen Florentiner Servitenmönch Arsenio Donato Mascagni und seinem Schüler Ignazio Solari gemeinsam mit der Werkstatt geschaffenen Fresken sind von reichen Stuckrahmen mit Rollwerkornamenten eingefasst. Stilistisch steht Mascagni, der bis 1636 in Salzburg tätig war, noch dem Manierismus nahe. Teile der Fresken, die den Zerstörungen im Zweiten Weltkrieg zum Opfer fielen, sind heute rekonstruiert, darunter vor allem die Kuppelfresken und die Pendentifs, deren Evangelistenbilder jedoch bereits 1875–80 durch August von Wörndle nach einem Brand erneuert worden waren. Die Szenen im Langhausgewölbe zeigen in den größeren Bildern die Passion Jesu Christi, in den kleineren, monochromen Wunder und Heilstaten Jesu. Ihnen folgen in den Bildern an den Chorwänden die *Grablegung* (links, Solari) und *Christus in der Vorhölle* (rechts, Mascagni). Die *Auferstehung Jesu Christi* (1628, Mascagni) bildet das Thema des Hochaltares und steht damit im Zentrum des Programmes. Die Gewölbefresken des Presbyteriums zeigen nachösterliche Erscheinungen des Auferstandenen, seine Himmelfahrt und Gottvater in der Glorie. In der Kuppel weisen typologisch Opfer- und Sühneszenen aus dem Alten Testament auf die Passion und den Kreuzestod voraus. In den Pendentifs erscheinen die vier Evangelisten Lukas, Matthäus, Markus und Johannes. Ergänzt wird das christologische Programm durch einen Marienzyklus im rechten Querschiffgewölbe mit *Mariä Himmelfahrt* als Hauptbild und im linken Querschiffsgewölbe durch Szenen aus dem Leben des in der Gegenreformation als Beispiel für die Imitatio Christi sehr verehrten hl. Franziskus mit dessen Aufnahme in den Himmel als zentralem Fresko. Dementsprechend zeigt der Seitenaltar rechts die Legende vom *Maria Schnee-Wunder*, der Gründungsgeschichte von Santa Maria Maggiore in Rom (1630, Solari), deren Darstellung als direkter Bezug zu Rom auch einen Hinweis auf Salzburgs Romtreue beinhaltet und zugleich der persönlichen Repräsentation Paris Lodrons dient, da sein Namenstag auf den 5. August fiel, den Tag des Festes Maria Schnee. Den linken Seitenaltar schmückt die Wiedergabe des *Portiunkula-Ablasses* (1628, Mascagni), den nach einer im Bild dargestellten Vision in der Portiunkulakapelle bei Assisi Franziskus vom Papst erbat. Der architektonische Aufbau der drei Hauptaltäre wird im Entwurf Santino Solari und in der Ausführung dem Bildhauer Hans Konrad Asper zugeschrieben. Der Statuenschmuck des Hauptaltares zeigt die Patrone Rupert mit dem Salzfass und Virgil mit dem Kirchenmodell und darüber die Personifikationen von Caritas (Liebe) und Religio (Glaube). Im Aufsatz erscheint das lateinische Psalmzitat: »Du hast mir die Wege des Lebens gewiesen« (Ps. 16,11). In der Mensa des Volksaltares bewahrt ein Schrein Reliquien der Patrone Rupert und Virgil. An den Seitenwänden des Chores befinden sich Marmorepitaphien für die Erzbischöfe und Domerbauer Marcus Sitticus und Paris Lodron, weitere Epitaphien für Bischöfe folgen an den Wänden der Konchen. Die heutige Ausgestaltung des Altarraumes basiert auf einer Umgestaltung von 2005 durch Peter Schuh und Friedrich Koller, wobei Chorgestühl und Volksaltar von Jakob Adlhart entfernt wurden. Die Altäre der Seitenkapellen enthalten in ihren Altarbildern bedeutende Beispiele der nordalpinen Barockmalerei. Die auf die jeweiligen Kapellenaltäre bezogene Deckendekoration und die Kreuzwegstationen über den Durchgängen stammen von Ludwig Glötzle (1881–95). An der Nordseite links vom Eingang schuf der flämische Maler Frans de Neve die *Taufe Jesu* (1674) und die Darstellung der *Hl. Anna Selbdritt* der deutsche Maler und Kunsthistoriograph Joachim von Sandrart (um 1657). Die *Verklärung Christi* in der nächsten Kapelle ist eine Kopie nach Francesco Vanni aus Siena (Original in Höglwörth), die *Kreuzigung* ein Werk des böhmischen Malers Karel Škréta (1674). Letzterer hat auch das *Pfingstwunder* geschaffen, das erste der Altarblätter vom Chor aus an der Südseite. Auf dieses folgen in den nachfolgenden drei Kapellen von der Hand Johann Heinrich Schönfelds, eines in Deutschland und Italien tätigen schwäbischen Barockmalers, die *Hll. Martin, Gregor, Hieronymus und Nikolaus* (1669), der *Hl. Karl Borromäus* (1655) und in der westlichsten Kapelle die *Hll. Rochus und Sebastian* (um 1650). Die jeweils vier Oratorien über den Seitenschiffen sind heute im Rahmen eines Besuches des Domquartiers (s. S. 183) zugänglich. Das nordöstliche Rupertusoratorium wurde 1623–28 von Arsenio Donato Mascagni mit Bildern auf Kupfertafeln, das südöstliche Virgiloratorium um 1672 mit Fresken, die Frans de Neve zugeschrieben werden, ausgestattet. Die **Kanzel** aus Bronze ist ein Werk von Toni Schneider-Manzell (1958/59) und zeigt am Fuß die Evangelistensymbole und an der Brüstung zwischen den Propheten Jesaja und Ezechiel Szenen aus dem Leben Jesu und das Gleichnis vom Sämann. Besonders beachtenswert ist das **Taufbecken** in der Kapelle links vom

Eingang. Es stammt aus dem alten Dom und wird von vier romanischen Löwen (12. Jh.) getragen. Das Bonzebecken mit der Wiedergabe Salzburger Bischöfe und Heiliger (Rupert, Vitalis, Virgil, Hartwik, Eberhard I. und II., Maximilianus und Amandus) wurde laut Inschrift allerdings erst 1321 von Meister Heinrich gefertigt. Der in Niellotechnik mit typologisch auf die Taufe zu beziehenden Szenen des Alten Testaments und Szenen aus dem Neuen Testament verzierte Deckel von Toni Schneider-Manzell kam 1959 hinzu. Das prachtvolle Kirchengestühl stammt aus der Zeit von Erzbischof Johann Ernst Thun (um 1700). Von den ehemals sechs **Orgeln** im für seine gute Akustik bekannten Dom sind heute die vier Vierungsorgeln Rekonstruktionen. Die Hauptorgel wurde 1988 von Hansueli Metzler (Schweiz) mit 58 Registern erbaut, der Orgelprospekt stammt dagegen noch von 1705. In der von der nördlichen Konche aus zugänglichen **Krypta** gelangt man links zum Mauerwerk des spätromanischen Domes mit der ehemaligen Liupramkapelle mit Resten vom Virgildom und dem vermutlichen Virgilgrab. Die Installation *Vanitas* des französischen Konzeptkünstlers Christian Boltanski (2009) mit Schattenspiel und Zeitansage ist wie ein moderner Totentanz inszeniert (Walk of Modern Art). Nach rechts öffnet sich die Kryptakapelle mit einem Kruzifix (Kopie nach dem romanischen Kruzifix von Seekirchen, um 1210), anschließend die Gruftkapelle mit der Grablege der Salzburger Erzbischöfe und ein Raum der Stille.

Domplatz (I D6): Die wie ein Vorhof zum Dom wirkende geschlossene Platzanlage nach oberitalienischem Vorbild, möglicherweise aber auch durch die damals bereits begonnene Gestaltung des Petersplatzes in Rom angeregt, wird von Teilen der Erzabtei St. Peter und den Trakten der Residenz eingerahmt, die heute teilweise zum Museumsareal Domquartier (s. S. 183) gehören. Die Öffnung nach außen erfolgt durch die bereits von Scamozzi geplanten Arkaden zur Franziskanergasse und durch die Dombögen von Giovanni Antonio Dario (1657–63). Seit 1920 ist der Platz Aufführungsstätte des *Jedermann* von Hugo von Hofmannsthal. Im Zentrum steht auf einem hohen Sockel die **Mariensäule** mit einer in Blei gegossenen Statue der Maria Immaculata, 1766–71 von dem Architekten Wolfgang und dem Bildhauer Johann Baptist Hagenauer im Auftrag von Erzbischof Siegmund Graf Schrattenbach errichtet. Auf dem Sockel zu Füßen der Marienstatue erscheinen in dialektischer Gegenüberstellung die Personifikationen von versagender menschlicher Weisheit (*Sapientia hominum*), von staunender Erkenntnis der Engel, vom Neid der Teufel und von der frohlockenden Ecclesia. So veranschaulicht die Skulpturengruppe die Auswirkungen der Lehre von der Unbefleckten Empfängnis Mariens in einem bereits von der Aufklärung geprägten Programm im Gegensatz zu den eher triumphalen Darstellungen der Barockzeit (nach Michael Grünwald). Diese Erklärung liefert die lateinische Inschrift an der Domseite. Auch stilistisch steht das Werk mit seinen stereometrischen Grundformen statt aufgelöster Wolkenformationen und dem insgesamt geschlossenen Kontur am Übergang zum Klassizismus. Barock ist dagegen noch die plastische Bewegtheit der Figuren und deren Prägung durch auf den Betrachter ausgerichtete Affekte. Neben dem Wappen des Stifters schmücken auch zwei Bleireliefs den Sockel, die dem Ruhm des Erzstifts Salzburg und des Fürsten gewidmet sind. Die Mariensäule wurde so konzipiert, dass sich darüber hinaus die von Engeln gehaltene Krone an der Domfassade in Frontalansicht auch auf die Marienstatue (Krönung Mariens) beziehen lässt. Unter dem südlichen Dombogen steht eine *Pietà* genannte Bronze von Anna Chromy (1999/2001).

Residenzplatz (I D6): Der an der Nordseite des Domes gelegene Platz, unter dem man den Standort des Kapitols des römischen Iuvavum vermutet, wird von der Residenz, dem Neugebäude (Neue Residenz), der Michaelskirche und einigen Bürgerhäusern (Fassaden z. T. 18. und 19. Jh.) gerahmt. Er geht auf die urbanistischen Veränderungen unter Wolf Dietrich zurück und sollte ursprünglich von Arkadengängen umschlossen werden. Fünf Plätze – Domplatz, Kapitelplatz, Residenzplatz, Mozartplatz und der Alte Markt – sollten nach Wolf Dietrich den Dom umrahmen. Das entspricht auch dem Idealstadtkonzept von Vincenzo Scamozzi, an dem der Architekt seit 1591 arbeitete, das jedoch erst 1615 unter dem Titel *Dell'idea della architettura universale* publiziert wurde. Die Salzburger Lösung könnte auf Wolf Dietrich selbst zurückgehen, denn nachweislich Kontakt zu Scamozzi hatte Wolf Dietrich erst 1603. Scamozzis Vorschläge für Salzburg sahen außerdem nicht fünf, sondern nur drei große Plätze vor. Es ist also unklar, wer welchen Anteil an den städtebaulichen Planungen hatte. Jedenfalls mussten für Wolf Dietrichs Initialzündung zum barocken Salzburg über 50 Bürgerhäuser abgerissen werden, um Raum für die Neubauten und Plätze zu schaffen. Zu Zeiten der Fürstbischöfe fanden auf diesem Platz Wachablösung, Paraden, Feste und Karnevalsfeiern statt. Der **Residenzbrunnen**, wohl ♦ der größte Barockbrunnen Mitteleuropas, wurde im Auftrag Erzbischof Guidobald Graf Thuns 1656–61 vermutlich durch Tommaso di Garona (möglicherweise identisch mit Tommaso Allio) aus Untersberger Marmor errichtet. Über dem Becken in Achtpassform erheben sich ein Felsenberg aus Grottengestein und vier wasserspeiende Meerrosse. Darüber tragen drei ineinander verwundene Giganten die erste Brunnenschale. Die zweite Brunnenschale ruht auf drei miteinander verschlungenen Delphinen und trägt einen Triton, der aus einer Muschel Wasser senkrecht nach oben spritzt. Die nach dem Prinzip der *figura serpentinata* aufgebauten Figurengruppen entsprechen noch manieristischen Konzepten. Die von allen Seiten gleich schöne Ansicht, die Allansichtigkeit, war damals ein wichtiges Argument in der Kunsttheorie und im Rangstreit zwischen Bildhauerei und Malerei, der die Bildhauer die Zweidimensionalität von Gemälden als Negativum vorhielten. Die üppige Führung des Wassers, die Reichtum und Überfluss ausdrückt, entspricht dagegen bereits den Tendenzen des Barock. Sie soll das großzügige Bemühen des Fürsten um das Wohl seiner Bürger veranschaulichen. Sowohl die Meerrosse als auch die Delphine und der Triton finden sich bereits im Tritonbrunnen und im Vierströmebrunnen von Gian Lorenzo Bernini. Die technische Bewältigung der Wasserzuleitung dauerte bis 1679. Vor den Dombögen steht die Bronzeskulptur *Der Kardinal* von Giacomo Manzù (1969), ein Geschenk des italienischen Bildhauers an die Stadt, in der er 1954–66 an der Internationalen Sommerakademie gelehrt hatte. Das Motiv des Kardinals ist neben dem weiblichen Akt eines der zentralen Themen der Kunst Manzùs. Ebenfalls hier befindet sich der Zugang zum Domgrabungsmuseum (s. S. 186).

Residenz (I D6): Der bis in die Spätrenaissance zurückgehende, im Wesentlichen 1587–1727 in seiner heutigen Form entstandene und ausgestattete Gebäudekomplex zählt zu den bedeutendsten fürstlichen Palastanlagen seiner Zeit in Mitteleuropa und versinnbildlicht den Herrschaftsanspruch des geistlichen und weltlichen Landesherrn von Salzburg. Durch die Errichtung des Domquartiers (s. S. 183) lässt sich die umfangreiche Anlage in ihrer Gesamtheit besser wahrnehmen. Nach der Trennung von Stift St. Peter und Bistum 987 blieb der Wohnsitz des Bischofs weiterhin im Stift. Erst 1124 bezog der Erzbischof – Konrad I. – einen eigens errichteten, später mehrfach umgestalteten Bischofshof an der Stelle der heutigen Residenz. Der heutige Bau von monumentaler Grandezza mit auch schon in der Erbauungszeit prachtvoller, aber nur noch in geringen Teilen erhaltener ursprünglicher Ausstattung geht

Residenzbrunnen

weitgehend auf Erzbischof Wolf Dietrich zurück. Im Zuge seiner Erneuerungspläne ließ er erst das Neugebäude errichten und anschließend nach Abriss alter Trakte sukzessive den Neubau der eigentlichen Residenz, zum Teil auch unter Einbeziehung der älteren Bausubstanz (vor allem der Bereiche unter dem Carabinierisaal). Als entwerfender oder zumindest beratender Architekt hinter dem Konzept wird Vincenzo Scamozzi angenommen. Als anregende Vorbilder für die Anlage im Stil italienischer Residenzen der Zeit sind vor allem der Palazzo Altemps in Rom, der Sitz des Onkels Marcus Sitticus Altemps, aber auch der Vatikanische Palast und die herzöglichen Paläste von Mantua und Parma zu nennen, möglicherweise aber auch die Landshuter Stadtresidenz der bayerischen Konkurrenz. Die Palastanlage umfasste einen Haupthof und zwei damals neu errichtete, durch eine Sala terrena mit darüberliegendem Saal verbundene Gartenhöfe, die sogenannte Dietrichsruh und den nördlichen Gartenhof (heute zusammen Toskanatrakt). Das Piano nobile liegt im zweiten Obergeschoss. Die repräsentativen Räume waren noch nicht wie später im Barock durch ein die Dienerschaft von der Herrschaft trennendes Zweiwegesystem erschlossen. Begonnen wurde 1604–06 mit dem Oratorium in der Franziskanerkirche und dem Hofbogengebäude (heute Wallistrakt), gefolgt von der an den alten Bischofshof anschließenden Dietrichsruh (1607/08) und dem zweiten, nördlichen Gartenhof (1609/10). Statuen, Nischen, Grotten und Wasserbecken bildeten den Schmuck der Höfe. Im Osttrakt des nördlichen Hofes entstanden im Obergeschoss eine Landkartengalerie und ein Jahreszeitenzimmer, im gegenüberliegenden Trakt eine Galerie für Gemälde und über der Sala terrena der ehemalige Kaisersaal (später Toskana-Appartement). 1614 war die Gesamtanlage unter Erzbischof Marcus Sitticus mit der Fertigstellung des westlichen und nördlichen Traktes um den Haupthof weitgehend vollendet. Die Abschlussarbeiten des Residenzplatztraktes zogen sich jedoch bis in die Regierungszeit von Erzbischof Paris Lodron hin. Erzbischof Guidobald Thun ließ die Fassade zum Residenzplatz aufstocken und an der Südseite des Domplatzes einen schmalen Galerietrakt mit großer Gemäldegalerie (Lange Galerie) errichten, um eine geschlossenere Wirkung des Platzes zu erzielen (s. a. Domquartier, S. 183). Unter Erzbischof Johann Ernst Thun fanden, möglicherweise nach Entwürfen von J. B. Fischer von Erlach, kleinere Veränderungen im Inneren statt. Außerdem erhielt der Maler Johann Michael Rottmayr 1689 mit den Deckenbildern im Carabinierisaal seinen ersten großen Auftrag. Eine umfassende Neugestaltung der Prunkräume erfolgte dagegen 1709–11 unter Erzbischof Franz Anton Harrach. Der bevorzugte Architekt war nun Lucas von Hildebrandt, der Hausarchitekt der Familie Harrach, auf den die Fassadengestaltung zum Residenzplatz und Portalumrahmungen, Kaminentwürfe und die Wanddekoration (heute zum Teil verloren) im Inneren zurückgeführt werden. Die schweren Akanthusstuckdecken und hölzernen Kassettendecken wurden durch leichte weiße mit Stuck in Bandelwerkformen ersetzt. Als Maler wurde erneut Rottmayr und zusätzlich Martino Altomonte aus Wien an den Salzburger Hof geholt, für die Stuckierungen Antonio Camesina. 1719 richtete der Theateringenieur Antonio Beduzzi im dritten Stock ein Theater ein. Massive Eingriffe brachte der ursprünglich noch umfassender geplante Umbau unter Erzbischof Hieronymus Colloredo. Neben Veränderungen der Wandgestaltung in einem Teil der Prunkräume erneuerte man 1788–92 den nördlichen Toskanatrakt zur Gänze nach Plänen von Andreas Zach, die ihrerseits auf Entwürfen von Ludwig Grenier, Wolfgang Hagenauer und Johann Georg Laschensky basieren. Die Ausstattung erfolgte bis 1793. Die Baumaßnahmen zur Sigmund-Haffner-Gasse und der dafür geplante Abriss des Langhauses der Franziskanerkirche unterblieben glücklicherweise aufgrund von Geldmangel und der einbrechenden Napoleonischen Kriege. Damals wurde zur Schuldentilgung auch wertvolles Altmaterial aus der Zeit Wolf Dietrichs (z. B. die Portale) verkauft und zum Teil an anderen Orten in der Stadt wiederverwendet. 1800 floh Hieronymus Colloredo vor den Franzosen nach Wien. Nach der Säkularisation 1803 übernahm Großherzog Ferdinand III. von Toskana die Herrschaft über Salzburg, 1806 folgten Österreich und Bayern. Nach 1816 diente die Residenz verschiedenen Mitgliedern des Hauses Habsburg als Wohnsitz, darunter der Kaiserinwitwe Caroline Auguste, aber auch diversen Verwaltungsinstitutionen. Unter Erzbischof Friedrich von Schwarzenberg wurde 1844 eine neugotische Hauskapelle in der Residenz eingerichtet (heute zerstört). Mittlerweile werden neben den zum

Domquartier gehörenden Prunkräumen und der Residenzgalerie große Bereiche von der Universität genutzt. Die Ausstattung der **Prunkräume** ist vor allem durch die Umgestaltung unter Fürsterzbischof Harrach geprägt. Seine Erhebung in den Fürstenstand musste in seinen Appartements angemessen dargestellt werden. So wurde die Disposition der Räume an der zeremoniellen Raumfolge in der kaiserlichen Hofburg in Wien ausgerichtet. Deshalb kam in Salzburg zu den für höfische Appartements üblichen Zimmern im Anschluss an das durch zwei Vorzimmer (Ratsstube, Antecamera) zu erreichende öffentliche Audienzzimmer mit der prachtvollsten Ausstattung eine sogenannte Retirada nach Wiener Vorbild hinzu, ein ebenso prachtvolles Zimmer für private Audienzen und als Rückzugsort. Dann folgte ein kleines Kabinett mit Schreiberker. Das vor Harrachs Herrschaft in diesem Bereich befindliche Schlafzimmer wurde an die Hofseite verlegt und mit einer Kammerkapelle ausgestattet. Im gesamten Appartement erhielten die weißen Stuckdecken nach Wiener Vorbild Einsatzgemälde in Öl auf Leinwand (zum Teil auch in Wien gemalt), die der Geschichte Alexanders des Großen gewidmet sind. Hierin setzte sich Salzburg von Wien ab, denn dort bevorzugte man eher allegorische Darstellungen. Ein Historienzyklus stand damals jedoch im künstlerischen Ansehen über den Allegorien. In den größeren Räumen wird dabei ein großes Mittelbild jeweils von vier kleineren Trabantenbildern gerahmt und durch vier Stuckreliefs ergänzt. Die Ikonographie der einzelnen Darstellungen ist auf die Funktion der einzelnen Räume bezogen, folgt weitgehend chronologisch den wichtigsten Lebensstationen Alexanders und ist zugleich ein fürstlicher Tugendspiegel. Es wird also weniger der Herrscher direkt als neuer Alexander verherrlicht als vielmehr dazu aufgefordert, diesem edlen Herrscher in puncto Disziplin, Mut, Weisheit, Milde usw. nachzufolgen. Die Aufteilung unter den beiden

Malern erfolgte nach Räumen. Altomonte hielt sich in seinen Bildfolgen jeweils an ein chronologisches Erzählen der entscheidenden Begebenheiten einer Alexandergeschichte mit dem Höhepunkt im Mittelbild. Rottmayr verzichtete auf einen streng chronologischen Erzählzusammenhang. Er bevorzugte sinnbildliche Gegenüberstellungen, um die Bezüge zu den jeweils thematisierten Fürstentugenden stärker hervorzuheben. Insgesamt ist der Zyklus jedoch von einer unmittelbar anschaulichen Erzählform geprägt. Die Dekoration der Wände und die meisten Öfen wurden 1781 unter Hieronymus Colloredo in klassizistischem Stil erneuert.

Durch das auf Entwürfe Hildebrandts zurückgehende Hauptportal mit dem Wappen von Marcus Sitticus und jenem von Wolf Dietrich darüber erreicht man den **Großen Hof** mit seiner Arkaden- und Kolossalpilastergliederung. In der im Westen gelegenen Vestibülhalle befindet sich eine auf die Bautätigkeit unter Marcus Sitticus zurückgehende Grottennische mit dem Herkulesbrunnen (um 1600). Von hier führen doppelseitig Treppen in das Piano nobile. Die Haupttreppe aus der Zeit Wolf Dietrichs bildet links den Zugang zum Domquartier mit den Prunkräumen (2. Geschoss) und der Residenzgalerie (3. Geschoss). Der große erste Saal, der sogenannte **Carabinierisaal**, der als Festsaal und auch für Theateraufführungen diente, hat seinen Namen von der hier stationierten fürsterzbischöflichen Leibgarde und geht auf Wolf Dietrich zurück. Noch aus dieser Zeit stammen die prachtvollen Marmorportale und die Treppe mit Bronzebalustern. Um 1665 wurde der Saal erhöht. 1689 erhielt er unter Johann Ernst Thun seine Gliederung aus ionischen Kolossalpilastern, Stuckaturen von Carlo Antonio Brenno und Antonio Carabelli und die farbigkraftvollen Deckengemälde von Johann Michael Rottmayr. Das zentrale Bild zeigt eine Szene aus der *Aeneis* mit Neptun, der zum Schutz des Schiffes von Aeneas den Winden Einhalt

Residenz, Konferenzzimmer

gebietet. Die Windgötter Boreas, Zephyros, Volturnus und Auster sind in den Tondi dargestellt, in den beiden kleineren Bildfeldern werden die *Kalydonische Eberjagd* mit Diana und die *Schmiede des Vulkan* mit Venus gezeigt. Zusammen ergeben diese mythologischen Historienbilder eine Allegorie der vier Elemente Wasser, Luft, Erde und Feuer. Für Rottmayr war es der Einstieg in eine Karriere als österreichischer Monumentalmaler. Es war zum ersten Mal, dass ein einheimischer Maler anstelle eines italienischen Freskanten mit einer Deckendekoration in diesem Umfang beauftragt wurde. Der Carabinierisaal ist auch ein frühes Beispiel für die Dominanz der Malerei über die Stuckdekoration. Mit dem **Rittersaal,** der über einen

Zugang zu den Dombögen verfügt, beginnt die eigentliche landesfürstliche Raumflucht, ausgestattet vor allem nach Entwürfen Johann Lucas von Hildebrandts und dekoriert mit Szenen aus der Alexandergeschichte. Im Mittelbild dieses Raumes stellte Rottmayr neben weiteren Alexanderszenen in den kleineren Bildern die *Zähmung des Pferdes Bucephalos durch Alexander den Großen* (1714) dar. Auch die Stuckmedaillons sind wie in den anderen Räumen Alexanderszenen gewidmet. Der zeitgleich entstandene Deckenstuck stammt von Alberto Camesina, jener der Wände dagegen von Peter Pflauder (1781). Einst führte Mozart als Wunderkind hier seine ersten Kompositionen auf. Das mittlere Deckenbild der ehem. **Ratsstube** (heute **Konferenzzimmer**), des ersten Vorzimmers, zeigt *Alexander rettet seinem Vater Philipp beim Überfall der Triballen das Leben* von Martino Altomonte. Der Deckenstuck stammt wieder von Antonio Camesina. Auch hier musizierte einst der junge Mozart – man nutzte den Saal im Winter für Konzerte. Die nachfolgende **Antecamera**, das zweite Vorzimmer, wurde ebenfalls von Camesina stuckiert. Das von Altomonte gemalte Mittelbild stellt *Alexander zerschlägt den Gordischen Knoten* dar. Der anschließende **Audienzsaal** ist der am aufwendigsten ausgestattete Raum und besitzt zur Steigerung der Pracht vergoldeten Deckenstuck von Camesina. Das zentrale Bild von Johann Michael Rottmayr stellt die *Huldigung Alexanders durch die Römer* dar (1711). Beachtung verdienen auch die Brüsseler Gobelins aus der Zeit Wolf Dietrichs mit Szenen aus der römischen Geschichte (um 1593) und das Mobiliar. Die nachfolgende **Retirade** (Arbeitszimmer) für Privataudienzen bildete die Verbindung zum privaten Bereich. Von hier an sind die Türumrahmungen aus Holz anstelle von Marmor gefertigt. Die kleinen Bildfelder mit Alexanderszenen werden Rottmayr zugeschrieben, das mittlere Hauptfeld mit *Alexanders Opfer im Tempel zu Jerusalem* stammt von Altomonte (1710). Das von Frans van Stampart gemalte Porträt stellt Fürsterzbischof Franz Anton Harrach (um 1710) dar. Ursprünglich befand sich hier eine Art Ahnengalerie mit weiteren Porträts von Stampart.

Im **Bibliotheks- oder Schatullenkabinett** malte Altomonte *Die Inder huldigen Alexander als König*. Das Mittelbild im anschließenden **Schlafzimmer** schuf wieder Rottmayr mit der *Wachsamkeit Alexanders* (1710), einer Allegorie der *vigilantia ducis*. Der Entwurf für die Ausstattung der kleinen **Kammerkapelle** geht auf Antonio Beduzzi zurück, das Altarbild mit der *Mystischen Vermählung der hl. Katharina* und das Kuppelfresko mit Gottvater sind Werke Rottmayrs. Von der Gemäldesammlung, die Fürsterzbischof Harrach in der nun folgenden **Schönen Galerie** einrichtete, haben sich nur spärliche Reste erhalten. Die meisten Kunstgegenstände wurden wie der gesamte Schatz unter der Herrschaft von Ferdinand von Toskana 1803–05 nach Florenz gebracht, der Rest 1806 nach Wien geschafft und ist heute in alle Welt zerstreut. Die Fresken zeigen im Mittelfeld in einer nun den ganzen Deckenspiegel erfassenden illusionistischen Architekturmalerei das Aufblühen der Wissenschaften und Künste unter fürstlicher Förderung, seitlich davon Allegorien der Dichtkunst und der Malerei und Musik. Im Bereich der Scheinarchitektur an den Schmalseiten repräsentieren die Personifikationen von der Hand Rottmayrs die vier Erdteile (1711). In den Grisaillen sind mythologische Szenen und römische Imperatoren dargestellt. Auch dieses für Galerien typische Programm diente der Verherrlichung des Landesherrn und des Hauses Harrach. Der prunkvolle Kaminaufbau beruht auf einem Entwurf von Antonio Beduzzi. Die Statue in der Nische stellt den *Jüngling vom Magdalensberg* dar. Die originale römische Bronzestatue war 1502 am Magdalensberg in Kärnten gefunden worden. Erzbischof Matthäus Lang von Wellenburg brachte sie nach Salzburg und stellte sie im Goldenen Saal in der Festung auf. 1551 wurde sie jedoch an König Ferdinand I. verschenkt, der sie nach Spanien transferierte. In Salzburg verblieb nur ein Abguss des mittleren 16. Jh.s, der jedoch weiterhin für das Original gehalten wurde. Wolf Dietrich stellte die Statue als Merkur im Garten der Dietrichsruh auf. 1806 kam dieses vermeintliche Original nach Wien (heute Kunsthistorisches Museum). Salzburg besitzt dagegen nur noch eine Gipsreplik des 19. Jh.s, das römische Original ist seit Anfang des 19. Jh.s in Spanien verschollen. Der heute **Gesellschaftszimmer** genannte nächste Raum diente ursprünglich als **Thronsaal** für die entsprechenden staatsrechtlichen Handlungen. Hier stammen die Seidendamastbespannung und der klassizistische Ofen aus dem Jahr 1775. Die älteren Deckengemälde Rottmayrs mit Szenen aus der *Ilias* zeigen die Vorgeschichte des Trojanischen Krieges, die *Hochzeit der Thetis*, *Merkur mit dem Apfel der Eris*, der Göttin der Zwietracht, und das *Parisurteil.* Sie sind auf das Jahr 1689 datiert, wurden aber laut Inschrift 1711 renoviert. Die Porträts stellen die letzten österreichischen Habsburger-Herrscher dar. Der nachfolgende **Weiße Saal (Marcus-Sitticus-Saal)** wurde unter Marcus Sitticus erbaut, seine Ausstattung mit frühklassizistischen Stuckaturen von Peter Pflauder (1776) geht jedoch auf die Veränderungen unter Hieronymus Colloredo zurück. Das Bildnis zeigt Ferdinand III. Großherzog von Toskana, Kurfürst von Salzburg. Den Abschluss bildet der sog. Grüne Salon. Hier teilt sich der Führungsweg. Über die Treppe gelangt man in die **Residenzgalerie** (s. S. 185) im 3. Stock, deren Räumlichkeiten mit Bandwerkstuck, großen figürlichen Stuckreliefs im Deckenspiegel und klassizistischen Prunköfen geschmückt sind. Über den **Kaisersaal** (urspr. Kaiserstube), der mit 14 Bildern von Kaisern des Hl. Römischen Reichs aus dem Hause Österreich geschmückt ist, führt der Weg über einen Gang und einen kleinen Saal mit Szenen der alttestamentlichen Sintfluterzählung von Kaspar Memberger (um 1610) zum Residenzoratorium in der Franziskanerkirche, in dem die Erzbischöfe dem Gottesdienst beiwohnen konnten, und weiter zum **Museum St. Peter** (s. S. 184) im Wallistrakt.

Der den Um- und Neubauten des späten 18. und 19. Jh.s entstammende **Toskanatrakt** (Eingang Churfürststraße und Sigmund-Haffner-Gasse) hat seinen Namen von Großherzog Ferdinand IV. von Toskana, der hier nach dem Verlust der Toskana (1859) ab 1867 den ständigen Familienwohnsitz einrichtete. Im nördlichen Hof haben sich jedoch die vermauerten Arkaden des frühen 17. Jh.s mit ihren ionischen Säulen erhalten. Unter Wolf Dietrich lag hier der ehemals in der Breite nur dieser Säulenstellung entsprechende nördliche Gartenhof. Das 2. Obergeschoss beherbergte an drei Seiten Galerien für die Kunstsammlungen Wolf Dietrichs. Die die Wegachse säumenden unregelmäßig behauenen sechs Steinblöcke aus Untersberger Marmor stellen eine Gemeinschaftsarbeit der Bildhauer Kengiro Azuma, Miloslav Chlupáč, Janez Lenassi, Hubert Maier und Makoto Fujiwara dar, Teilnehmer des Steinbildhauersymposions im Rahmen der Internationalen Sommerakademie für bildende Kunst unter Karl Prantl aus den Jahren 1987–91. Sie sollen die heimische, die Stadt bestimmende Tradition der Steinverarbeitung in Salzburg mit dem Untersberger und Adneter Marmor und dem Nagelfluh der Stadtberge ins Bewusstsein rücken. Die zweischiffige **Sala terrena** mit ihrer Säulenstellung auf hohen Postamenten im Durchgang fungierte einst als offener Verbindungsbau zwischen den Gartenhöfen. Ihre Deckenfresken mit Groteskenmalereien, gegen 1610 entstanden, gehen auf römische Vorbilder zurück, enthalten aber zum Teil auch nordische »wilde Männer«, so dass die direkten Vorlagen wohl in deutsch-niederländischen Ornamentstichen zu suchen sind. Von hier aus kann man über den Zugang zur Bibliothek der Rechtswissenschaftlichen Fakultät auch die **Landkar-**

tengalerie besichtigen. Es handelt sich um die einzige Landkartengalerie aus der Zeit um 1600 nördlich der Alpen. Die anregenden Vorbilder waren die Galleria delle Carte Geografiche im Vatikan (1580–82), die Wolf Dietrich, der sich lange in Rom aufhielt und eine umfangreiche, noch heute in Salzburg in der Universitätsbibliothek befindliche kartographische Sammlung anlegte, sicher kannte, und die damals zumindest in Planung befindliche Landkartengalerie im Palazzo Altemps. Die ab 1606 entstandene Salzburger Galerie ist mit Landkarten und darüberliegenden, teilweise zerstörten Stadtansichten in Seccomalerei geschmückt. Wiedergegeben sind an der südlichen Stirnwand die historischen Reiche Alexanders des Großen und des antiken Roms, an den Längswänden sieben christliche Länder Europas und das Osmanische Reich. Besonders herausgehoben ist Rom mit St. Peter und stadtrömischen Monumenten in den Eckbildern. Als direkte Vorlagen dienten Karten aus der oben erwähnten Sammlung von über 150 Karten aus den Jahren um 1560–80. Kunstvolle Wanddekorationen dieser Art galten damals als Zeichen sowohl wissenschaftlicher Gelehrsamkeit und Weltkenntnis als auch eines guten ästhetischen Urteilsvermögens und steigerten so die Reputation eines Fürsten. Die Hervorhebung Roms zeigt die Romtreue des gegenreformatorisch geprägten Salzburger Kirchenhirten. Im anschließenden kleinen **Vierjahreszeitensaal** haben sich durch Pilaster gerahmte Jahreszeitendarstellungen in der Formensprache der römischen Spätrenaissance erhalten. Die darunterliegenden Landschaftswiedergaben sind allerdings weitgehend zerstört. Auch das Konzept des Jahreszeitenzyklus folgt einem Vorbild im Vatikan und im Palazzo Altemps in Rom, die direkten malerischen Vorlagen basieren größtenteils auf einer Serie von Hans Bol (1579), die 1580 von Johann Sadeler I. gestochen worden war. Der südliche Hof, die ehem. **Dietrichsruh**, geht bis heute in weiten Teilen auf die Zeit Wolf

Dietrichs zurück und diente einst in manieristischer Gestaltung mit Grotten, Nischen, Wasserspielen, Brunnen und Voliere als privater Lustgarten. Im Osten schlossen ihn drei Grotten ab, darüber öffnete sich im 2. Obergeschoss eine Loggia. Die allein erhaltene, mit Mosaiken, Muscheln, farbigem Stuck und Fresken mit Herkulesszenen ausgeschmückte Mittelgrotte enthält einen *Ruhenden Herkules* mit Keule und Fell des Nemeischen Löwen. Die Skulptur wird um 1605 datiert und stand einst im Garten selbst. Auch die dreijochige Vorhalle zum südlichen Treppenhaus ist reich geschmückt. An der Westseite schloss ursprünglich eine abgetreppte Schauwand mit Kolossalpilastern und Mittelnische den Garten ab. Erhalten blieb jedoch nur der südliche Teil, da die Nische und die nördliche Abtreppung unter Colloredo im Zuge seiner Residenzerweiterung demoliert wurden. Die Straßenfront hinter der Schauwand ließ Wolf Dietrich erst 1610 errichten. Die frei im Hof platzierte Skulptur *Awilda* von Jaume Plensa (2010) stellt einen Mädchenkopf aus weißen spanischen Marmorscheiben dar (Walk of Modern Art). Der zumindest in den Außenmauern noch von 1604–06 erhaltene und wahrscheinlich auf Entwürfe Vincenzo Scamozzis zurückgehende **Wallistrakt** (ehem. Hofbogengebäude, Franziskanergasse), eine Vierflügelanlage, enthielt ursprünglich die privaten Appartements des Landesfürsten während des Residenzneubaus. Unter Paris Lodron wurde das Hofbogengebäude aufgestockt und 1963–65 für die Universität einschneidend umgebaut. In der zweigeschossigen Halle hat sich eine bei der Erbauung der Wiederverwendung zugeführte toskanische Säule aus der alten Domsakristei von 1589 erhalten. Unter den nördlichen Arkaden finden sich darüber hinaus Reste römischer Mosaiken (3. Jh. n. Chr.). Heute gehört ein Teil des Traktes mit der Präsentation der Kunstschätze des Stiftes St. Peter zum Domquartier (s. S. 183).

Neue Residenz (I D6; Neugebäude, Salzburg Museum,

s. S. 186): Der erste große Bauauftrag Erzbischof Wolf Dietrichs war das Neugebäude. Weder der Architekt noch die Funktion sind dokumentarisch gesichert. Bauleiter waren Johann Baptist Ninguarda und Andrea Bertoletto. Man geht heute davon aus, dass Wolf Dietrich in nepotistischem Verhalten analog zu den Päpsten in Rom einen Familienpalast errichten wollte, in dem zwei seiner Brüder anfänglich auch residierten. Vermutlich diente der Palast aber auch als Ausweichquartier während des Umbaus der alten Bischofsresidenz. Baubeginn war 1588. Dafür mussten vorher zahlreiche Bürgerhäuser des mittelalterlichen Stadtzentrums abgerissen werden. Die Fassade mit dem Haupteingang liegt heute nach Norden, war aber in der ersten Planungsphase auf den Residenzplatz hin orientiert. Zwischen dem alten Bischofshof und dem »Palazzo nuovo« lag der Dom. In der Planungsphase ab 1604 sollte die Fassade des neuen Domes ja in Nord-Süd-Richtung auf den Platz hin ausgerichtet werden. Die Anregungen für eine Platzgestaltung dieser Art hatte Wolf Dietrich vermutlich in Pienza und in Rom (Kapitolsplatz) gefunden. Nach einer Stockung im Baufortschritt und Planänderungen dürfte der Rohbau der Vierflügelanlage 1602 fertig gewesen sein. Anschließend wurden aber im Südosten noch ein Trakt und im Süden ein Gartengebäude angefügt. Außerdem plante man eine Erweiterung nach Norden durch einen Festsaalbau. Dafür brach man einen erst kurz zuvor errichteten Palast für den ältesten Bruder von Wolf Dietrich, Jakob Hannibal, ab. Offensichtlich erhielt der Neubau nach dem Wegzug zweier Brüder des Bischofs nun den Charakter eines öffentlichen Gebäudes. Teile dienten fortan dem Hofrat, diversen Ministerien und einer Bruderschaft. Die von Wolf Dietrich wohl sofort in Angriff genommene Ausstattung unter der Leitung von Elia Castello, der jedoch vor deren Vollendung verstarb, zog sich in mehreren Etappen bis 1612 hin. Die heutige, sehr schlichte Fassadengestaltung dürfte möglicherweise nicht mehr auf die Zeit Wolf Dietrichs zurückgehen, sondern erst unter der Herrschaft der Nachfolger Erzbischof Marcus Sitticus und Erzbischof Paris Lodron vollendet worden sein. Unter Erzbischof Max Gandolph Kuenburg wurde der Bau ab 1674 vergrößert. Durch die Anfügung eines neuen Westflügels mit Einbindung des Gartengebäudes als Südflügel entstand eine große zweite Hofanlage. Auch die prachtvolle ehemalige Hofbibliothk (Max-Gandolph-Bibliothek) datiert in diese Jahre. Die mitwirkenden Künstler waren Giovanni Antonio Dario, Bartholomäus van Opstal und Giovanni Gaspare Zuccalli. 1701 wurden die drei Arkaden unter dem Turm (alle weiteren 19. Jh.) angefügt, der Turm erhöht und ab 1702 mit einem Glockenspiel ausgestattet. Ebenso erfolgten Umbauten im Inneren. Teile des Gebäudes dienten damals längst der Ständevertretung. Das Erdgeschoss wurde 1620–1786 als Zeughaus genutzt. Im 19. und im 20. Jh. kam es zu einschneidenden Veränderungen, u. a. durch die Umwandlung in einen reinen Verwaltungsbau, die Erneuerung des Daches in veränderter Form, den Einbau einer Schalterhalle für die Post und durch schwere Zerstörungen im Zweiten Weltkrieg. Heute befinden sich nach umfänglichen Renovierungsarbeiten hier vor allem das Salzburg Museum (s. S. 186), das zugehörige Panorama Museum, das Salzburger Heimatwerk, ein Postamt und Teile der Universität. Der Bau ist blockartig geschlossen, weist große Putzflächen auf und ist nur durch Eckpilaster gegliedert. Auf die nördlich der Alpen sonst bevorzugten ausgestellten Türme an den Ecken wurde verzichtet, stattdessen errichtete man einen niedrigen Turm auf der Residenzplatzseite. Eine glatte, die Geschosse trennende Doppelbänderung betont die Horizontale. Möglicherweise sollten in der ursprünglichen Planung die Fenster eine Bedachung aus alternierenden Dreiecks- und Segmentgiebeln erhalten. Im Innenhof ließen sich abgeschlagene Bedachungen dieser Art nachweisen. Das eindeutige architektonische Vorbild für die Neue Residenz und ihre geschlossene Blockform war der römische Palastbau. Allerdings orientierte sich Wolf Dietrich überwiegend noch an jenem der ersten Hälfte des Cinquecento, allen voran am Palazzo Farnese und dem Lateranspalast, auch wenn der Salzburger Bau wesentlich bescheidener ausgefallen ist. Wolf Dietrich kannte diese Gebäude aus seinen römischen Jahren, und er dürfte auch maßgeblich an der Gestaltung seines eigenen Palastes mitgewirkt haben. Aber auch eine Beteiligung Vincenzo Scamozzis als beratender Architekt in der zweiten Bauphase wird angenommen, denn von diesem wurde auch die Erweiterung mit dem Festsaalbau vorgeschlagen. Das Raumprogramm entspricht im Bereich der nur teilweise erhaltenen, zum Salzburg Museum gehörenden Prunkräume ebenfalls ganz dem römischen Palastbau der Zeit mit zwei Appartements mit entsprechenden Repräsentationsräumen. Zum ehemaligen nördlichen, gewölbten und farbig und zum Teil fast vollplastisch stuckierten Appartement gehören der heutige Tugendsaal mit Stuckreliefs der drei theologischen und der vier Kardinaltugenden (wohl ehemals das Studiolo), der Gloriensaal mit Engelsglorie im Zentrum und Reliefs der Verkündigung an Maria, der Heimsuchung, der Anbetung der Hirten und der Darstellung im Tempel (ursprünglich Guardaroba), der große Ständesaal (ehemals wohl Festsaal, erst ab 1620 den Ständen überlassen) mit Darstellungen von Tugendbeispielen aus der römischen Geschichte (Horatius Cocles, Mucius Scaevola und Marcus Curtius), der Feldherrensaal, in Analogie zu Tizians Camerino dei Cesari in Mantua mit Dreiviertelporträts in Stuck von Karl dem Großen, Gottfried von Bouillon, Karl V. und Juan d'Austria als großen Heerführern und Vorbildern eines Fürsten dekoriert (ehemals Schlafzimmer), und – für die damalige Zeit noch eher ungewöhnlich – ein Badezimmer mit mosaizierter und stuckierter Decke. Die in Rom in der ersten

Hälfte des 16. Jh.s noch kaum eingebaute Galerie, Ende des Jahrhunderts zum Standard gehörend, fehlt auch in Salzburg. Die prachtvolle farbige Stuckausstattung mit kunsttechnischen Innovationen wie Farbglassplittern, Marmorkörnung, Goldmosaiksteinchen, Perlen und Spiegelfragmenten zur Steigerung der Wirkung stammt von Elia Castello. Bei unsachgemäßen Restaurierungen des frühen 20. Jh.s wurde allerdings fast alles von den Stuckoberflächen abgekratzt. Die Umrahmungen der meisten Türen entsprechen noch den älteren Formen der Hochrenaissance. Nur die Türgewände im Tugend- und im Ständesaal sind mit ihren gequetschten Voluten und geschweiften Gebälkformen fortschrittlicher. Vom zweiten, südlichen Appartement haben sich einige Fragmente geschnitzter und bemalter Kassettendecken mit eingelassenen Bildern aus der Zeit Wolf Dietrichs erhalten. Besonders beachtenswert ist im Kuenburg-Trakt die **Max-Gandolph-Bibliothek** von Giovanni Antonio Dario (1682) mit ihrer Freskierung und den prachtvollen Rotmarmorportalen. Der Turm der Neuen Residenz beherbergt seit 1703 ein barockes Glockenspiel mit 35 Glocken von Melchior de Haze aus Antwerpen und einem Walzwerk des Salzburger Hofuhrmachers Jeremias Sauter. Erzbischof Johann Ernst Graf Thun hatte die 1696 nach Salzburg gelieferten Glocken der Überlieferung nach aus Gewinnen von seiner allerdings nicht nachweisbaren Beteiligung an der holländischen Ostindischen Handelskompagnie bestellt. Insgesamt gibt es etwas über 100 für das Glockenspiel bearbeitete Musikstücke.

St. Michael (I D6): Hier befand sich ursprünglich eine Pfalz der bajuwarischen Agilolfinger. Um diese Herzogsburg entstand eine Siedlung und noch im 8. Jh. eine dem hl. Michael geweihte Kirche, die als Palastkapelle und Bürgerkirche diente und dem Stift St. Peter unterstand. Auch unter den Karolingern diente sie der Kaiserpfalz im Bereich des heutigen Waagplatzes als Kapelle. Um diese Kirche fanden Märkte statt und Gerichtssitzungen. Bereits 823 wurde der Bau durch Brand zerstört und ebenso der Nachfolgebau bei der Strafaktion der Grafen von Plain im Jahre 1167. Mit der Wiedererrichtung der Kaiserpfalz wurde auch St. Michael in Form einer Emporenkirche erneuert. Der Bau war, wie für Palastkapellen üblich, doppelgeschossig. Die Emporenetage konnte nur von der Burg aus betreten werden und diente dem Kaiser und seinem Gefolge. Im sog. **Romanischen Keller** (Waagplatz), der heute als Ausstellungsraum vor allem für zeitgenössische Salzburger Künstler genutzt wird, hat sich noch ein Rest der Pfalz erhalten. St. Michael blieb Pfarrkirche, bis diese Rechte 1139 an die Liebfrauenkirche (heute Franziskanerkirche) übertragen wurden. Nach Veränderungen des 14. und frühen 17. Jh.s wurde die Kirche 1767–76 im Auftrag von Abt Beda Seeauer von St. Peter unter Beibehaltung mittelalterlicher Teile erneuert. Der ehemalige gotische Dachreiter wurde durch einen barocken Turm mit Zwiebelhelm ersetzt. Der einfache Saalbau erhielt ein Tonnengewölbe mit einer Darstellung der *Verehrung des Namens Gottes durch den hl. Michael und die neun Chöre der Engel* im Langhaus und eine *Marienkrönung* im Chor. Freskant war der auch für St. Peter tätige Franz Xaver König (1770). Die Rokokostuckatur stammt von Benedikt Zöpf (1769). Der Hauptaltar zeigt den *Kampf des Erzengels Michael mit Luzifer* (1650). Der im 18. Jh. etwas überarbeitete Altar stammt ursprünglich aus der Kreuzkapelle im Petersfriedhof. Die Seitenaltäre sind den Erzengeln Gabriel (links) und Raphael als Begleiter von Tobias (rechts) gewidmet. Ihre Darstellungen stammen wieder von Franz Xaver König (um 1770). Die Orgel geht auf Rochus Egedacher zurück, das schöne Abschlussgitter von 1770 ist ein Werk des Hofschlossermeisters Philipp Hinterseer.

Kapitelplatz (I D6): Der Platz südlich des Doms am Fuß des Festungsberges ist von der Dompropstei (Nr. 1, ab 1591 aus zwei mittelalterlichen Vorgängerbauten umgebaut), dem Erzbischöflichen Palais (Nr. 2, um 1690, urspr. zwei Kanonikalhöfe, im Inneren eine Gnadenstuhldarstellung Josef Zenzmaiers von 1998/99 und die beiden populären Bilder Sebastian Stiefs *Die Ankunft des hl. Rupert im zerstörten Iuvavum* von 1859 und *Der hl. Virgil errichtet den ersten Salzburger Dom* von 1860), dem ehem. Granarium und der Mühle des Domkapitels, dem Dompfarramt (Nr. 7) und Trakten des Stiftes St. Peter umgeben. Die dem 17. Jh. entstammende Anlage der bereits seit dem Mittelalter vorhandenen **Kapitelschwemme** enthielt einst als Blickpunkt die heute im Mirabellgarten aufgestellte Pegasusstatue. 1732 erfolgte unter Erzbischof Firmian nach dem Entwurf Franz Anton Danreiters eine vom römischen Barock inspirierte Neugestaltung der Pferdeschwemme mit Balustrade und großer, von Doppelpilastern geschmückter Nischenarchitektur mit dem Wappen Firmians. Im Zentrum befindet sich nun die Statue des Meeresgottes Neptun mit Dreizack und fischschwänzigem Meerross, geschaffen von Josef Anton Pfaffinger. Die seitlichen Tritonen sind älteren Datums. Sie stammen aus dem unvollendet gebliebenen Triton-Brunnen Bartholomäus van Opstals für den Mirabellgarten (1691). Die mit Sockel etwa neun Meter hohe Skulptur *Sphaera* von Stephan Balkenhol (2007) stellt einen etwas überlebensgroßen stehenden Mann (Jedermann) auf einer goldenen Kugel (Welt) dar, zu dem als Pendant die unterlebensgroße *Frau im Fels* im Toscaninihof gehört (s. S. 91). Der modern gekleidete Mann steht ziemlich regungslos und breitbeinig auf dem abschüssigen Untergrund. Man könnte sich fragen: Beherrscht er seine Position? Wie gestaltet sich die Beziehung zu seinem Pendant? Balkenhol lässt die Deutung für den Betrachter offen (Walk of Modern Art).

Zu Füßen der Festung liegt der 1492 gegründete **Stieglkeller** (Festungsgasse 10) mit Bierhalle und Biergarten. Sein heutiges Erscheinungsbild entstand 1924/25 unter dem Architekten Franz Zell. Das Mariahilf-Relief an der Fassade stammt von 1670 und das gotische Portal von 1585.

Die zur Kaigasse führende **Kapitelgasse** (I D/E6) geht auf Erzbischof Wolf Dietrich zurück. Das ehem. **Kapitelhaus** (Nr. 4), der Sitz des Domkapitels, wurde 1602–06 in Anlehnung an italienische Vorbilder errichtet, die Ausstattung zog sich bis 1613 hin. Der Entwurf wird Elia Castello zugeschrieben, aber auch Vincenzo Scamozzi wird als beratender Architekt vermutet. Das Rundbogenportal mit Pilastern, einem darüberliegenden, von einem Segmentbogen überfangenen Doppelfenster, dem Wappen von Wolf Dietrich und den Wappen der 24 Domherren wurde aus Adneter Rotmarmor von Michael Pernegger gefertigt. Die reich ausgestattete Kapitelstube ließ Erzbischof Marcus Sitticus 1614–18 in eine Kapelle umwandeln. Im Hof befinden sich Toni Schneider-Manzells Statue von Wolf Dietrich (1987) und Gabriela Habsburgs *Rastabahn* (1995). Heute wird das Gebäude von der Universität genutzt. 1514 war das ursprüngliche Augustiner-Chorherrenstift der Domherren säkularisiert worden. Die meisten Domherren besaßen in der nachfolgenden Zeit deshalb eigene Paläste wie das sog. Domherrenhaus Firmian-Salm (Nr. 5 und 7) aus ehedem zwei getrennten Palästen. Auch die Domdechantei (Nr. 6) mit dem Trakl-Brunnen von Toni Schneider-Manzell (1957) im Innenhof stammt aus der Zeit Wolf Dietrichs.

Mozartplatz (I D6): Der ehemals Michaelsplatz genannte Platz ist eine Schöpfung Erzbischof Wolf Dietrichs, der hier ab 1588 eine Reihe von Bürgerhäusern abbrechen ließ, um einen großen Platz vor dem Neugebäude (Neue Residenz) zu schaffen. Über diesen lief dann auch die neue Hauptverkehrsader der Stadt in Ost-West-Richtung. Im Osten schließen den Platz drei ehem. Kanonikalhöfe (Nr. 8–10, 17. Jh.) ab, nach Norden das nur zweigeschossige langgestreckte Imhofstöckl (Nr. 5, um

1620). Im Andretterhaus (Nr. 4) mit einer Fassade von ca. 1760/70 und zwei Innenhöfen hat sich eine Hauskapelle erhalten. Im Zentrum des Platzes, in dem früher ein Michaelsbrunnen stand, erhebt sich heute das **Mozartdenkmal**. Ab 1835 setzte sich der Schriftsteller Julius Schilling dafür ein, in Salzburg ein Denkmal zu Ehren Mozarts zu errichten. Mit Hilfe von Spendengeldern, unter anderem auch vom bayerischen König Ludwig I., konnte die Salzburger Bürgerschaft 1841 anlässlich des 50. Todestages Mozarts den romantisch-klassizistischen Bildhauer Ludwig Schwanthaler in München damit beauftragen. Gegossen wurde die Statue von Johann Baptist Stiglmaier, enthüllt wurde sie nach einem spektakulären Transport 1842. Bei den Grabungen für das Fundament war außerdem ein römisches Fußbodenmosaik entdeckt worden (ausgestellt im Salzburg Museum). Das Denkmal zeigt Mozart in zeitgenössischer Gewandung, aber in antikem Kontrapost und mit Umhangdraperie. Mozart hält einen Griffel und ein Notenblatt, zu seinen Füßen liegt ein Lorbeerkranz. Die Konturlinie ist geschlossen, die Formgebung eher streng. Schwanthaler geht hier einen Kompromiss im damals heftig diskutierten Konflikt ein, ob ein Denkmal als idealisierende Verherrlichung einer Person für die Nachwelt aufzufassen sei oder als zeitgeschichtliches Dokument. Die Bronzereliefs auf dem Sockel beziehen sich in Form von Personifikationen auf Mozarts Werk in den Bereichen Kirchen-, Konzert-, Kammermusik und Oper.

Waagplatz (I D6): Hier im Bereich der Bürgerstadt befanden sich früher im Schatten der Pfalz der erste Marktplatz der Stadt, die Stadtwaage und die Gerichtsstätte. Die umliegenden Häuser, zum Teil vor die Michaelskirche gebaut, sind im Kern meist noch mittelalterlich. Das Haus Waagplatz 3 diente bis 1328 als Gerichtsgebäude, später als Waaghaus. Der heutige Bau stammt jedoch erst aus dem 17. Jh., die Fassade von 1800.

Anschließend war Haus Waagplatz 1 Gerichtsgebäude, später Stadttrinkstube. Eine Fassadenseite ist mit dem in Sgraffito-Technik ausgeführten Wandbild *Aussaat und Ernte* von Karl Reisenbichler (1928) geschmückt. Das ehemalige Schafferhaus, das heutige **Georg-Trakl-Haus** (Waagplatz 1a), ist die Geburtsstätte des expressionistischen Lyrikers Georg Trakl. Hier befinden sich seit 1973 eine Gedenkstätte mit Autographen, persönlichen Dokumenten, Fotos und originalen Möbeln u. a. in der ehem. Wohnung der Familie im ersten Stock, seit 2008 darüber hinaus eine Forschungsstätte und eine vom Land Salzburg geführte Galerie.

Judengasse (I D6): Spätestens für 1284 ist in Salzburg eine Judengemeinde belegt. 1349 und 1404 kam es zu Pogromen, endgültig aus der Stadt verbannt wurden die Juden 1498. Bis 1404 waren die meisten Salzburger Juden in dieser Gasse ansässig. Das ehemalige Höllbräu (Nr. 15, ursprünglich Laubingerhaus, heute Hotel) bewahrt im Kellerbereich Reste eines der äußeren Tortürme der staufischen Pfalz. Für die Zeit vor 1404 wird hier auch die Synagoge vermutet, spätestens ab 1449 bis 1922 diente der Bau jedoch als Bräuhaus. Die heutige Fassade stammt aus dem 20. Jh., aus dem frühen 17. Jh. jedoch die Statue des *Hl. Michael.*

Alter Markt (I D6): Mitte des 13. Jh.s wurde der städtische Markt hierher verlegt. Der Platz diente auch als Zentrum für bürgerliche Veranstaltungen. 1857 wurde der Wochenmarkt auf den Universitätsplatz transferiert. Der alte Marktbrunnen, der erstmals 1488 anstelle eines Ziehbrunnens errichtete **Florianibrunnen**, besitzt noch ein Spaliergitter von 1583 von Wolf Guppenberger. Das Marmorbecken und die Brunnensäule stammen dagegen von 1685–87. Die Statue des hl. Florian schuf Josef Anton Pfaffinger erst 1734. Gespeist wird der Brunnen von der ersten unabhängig vom Fürsten durch die Stadtbürger errichteten Wasserleitung. Die umgebenden Häuser besitzen größtenteils noch einen mittelalterlichen Kern, weisen aber spätere Fassaden auf. Besonders beachtenswert sind die alte, 1591 im Nebenhaus Nr. 7 gegründete **Fürsterzbischöfliche Hofapotheke** mit ihrer Rokokoeinrichtung aus den Jahren um 1760 (seit etwa 1910 im Haus Alter Markt Nr. 6) und das **Café Tomaselli**, das 1700 gegründet wurde. Seit 1764 befindet es sich an diesem Standort. Es gilt als das älteste ununterbrochen bestehende Kaffeehaus Österreichs.

♦ **Getreidegasse** (I C/D5/6): Der mittelalterliche Straßenzug bildete seinerzeit bis zur Stadterneuerung durch Erzbischof Wolf Dietrich zusammen mit der Judengasse die Hauptverkehrsader und wichtigste Geschäftsstraße der Stadt. Die leicht gekrümmte Wegführung ist typisch für mittelalterliche Straßenzüge. Die dem Inn-Salzach-Typ entsprechenden Häuser, im Kern mittelalterlich oder dem 16. Jh. entstammend, weisen als oberen Abschluss eine Hohlkehle auf, hinter der ein Grabendach liegt. Die Fensterhöhen nehmen wie auch die Geschosshöhen nach oben ab. Schmiedeeiserne Hausschilder wiesen ehemals auf die Funktion hin. Schöne alte Schilder finden sich an den Häusern Nr. 16 (um 1800), Nr. 33 (1595) und Nr. 34 (um 1760). Noch Tore aus der Barockzeit besitzen die Häuser Nr. 9 und 29. Für Türstöcke, Sohlbänke und Treppen war Adneter Rotmarmor sehr beliebt. Zahlreiche Durchhäuser (überwiegend gewölbte Hausdurchgänge zwischen den Vorder- und Rückgebäuden mit dazwischenliegendem Laubenhof) führen zu den Plätzen und Straßen an der Berg- und an der Wasserseite. Besonders beachtenswert ist das sog. Schatz-Durchhaus (Nr. 3), dessen großer Innenhof auf allen Seiten von Arkaden umschlossen wird. Die Walrippe und der getrocknete Hai an der Decke des ersten Durchgangs erinnern an den hier betriebenen Levantehandel der Familie Mayr. Über dem Bogen zum zweiten Hof befindet sich eine dem Guten Hirten geweihte private Hauskapelle aus der Barockzeit.

Schatz-Durchhaus in der Getreidegasse

Altes Rathaus (I D5): 1407 erwarb die Stadt den sog. Kheuzlturm, ein patrizisches Wohnhaus. 1616–18 kam es zu einem weitgehenden Neubau, der 1772 seine heutige Rokokofassade erhielt. Im Turm mit seinem sechseckigen Aufsatz befinden sich nicht nur alte Glocken aus dem 14. und dem 16. Jh., sondern auch das wohl älteste Uhrwerk der Stadt, eine Mondphasenuhr von 1618. In der Nische über dem Portal erinnert die Personifikation der Justitia von Hans Waldburger (1616) an die ehemalige Gerichtsstätte. 1947 wurde der Hauptsitz der Stadtverwaltung in das Schloss Mirabell verlegt, 2011–12 das Innere umgebaut.

Mozarts Geburtshaus und Mozartmuseum (I D6; Getreidegasse 9): In diesem Bürgerhaus von 1403 mit klassizistischer Fassade zur Getreidegasse und Rokokofassade zum Universitätsplatz wurde am 27. Januar 1756 im 3. Stock in der Wohnung der Familie Wolfgang Amadeus Mozart geboren. Heute befindet sich hier über drei Geschosse reichend ein 1880 gegründetes Museum mit Porträts, Musikinstrumenten und Originalpartituren des Komponisten und Exponaten zum Lebensumfeld Mozarts.

Sigmund-Haffner-Gasse (I D6): Im Haus Nr. 6, dem **Haffnerhaus** von 1434 mit schönem Rokokoportal (1741) und klassizistischer Fassade (1801), soll Salome Alt, die Konkubine von Erzbischof Wolf Dietrich, gewohnt haben. Das Haus Nr. 10, der Durchgang zum Universitätsplatz nach dem damaligen Besitzer Ritzerbogen genannt, stammt von 1626, besitzt eine Hauskapelle aus dem 17. Jh. und enthält seit 1598 die älteste Buchhandlung Österreichs. Einen schönen Laubenhof von etwa 1550 weist das Haus Nr. 14 auf. Der **Langenhof** (Nr. 16, auch Kuenburg-Palais) wurde von Erzbischof Max Gandolph Graf Kuenburg um 1670 als Familienpalast errichtet. Um 1800 erhielt die vierflügelige Anlage mit Grabendach und zwei Portalen eine neue Fassade durch Johann Georg Laschensky. Im Hof haben sich römische Fundamente, ein mittelalterlicher Brunnenschacht, ein Renaissancebrunnen und ein romanischer Portallöwe erhalten, der ursprünglich eine Stütze trug. Laut Schrifttafel stammt dieser von einem Meister/Bruder Bertram, einem vermutlich aus Oberitalien kommenden, in Salzburg tätigen Steinbildhauer. Der Marmorlöwe ähnelt stilistisch jenem am Kanzelaufgang in der Franziskanerkirche und ist gegen 1220 zu datieren. Er dürfte aus dem alten Dom stammen. Im **Kapellhaus** (Nr. 20) wurden einst die Domsingknaben ausgebildet, ab 1841 hatte das Mozarteum hier seinen ersten Sitz.

Museum der Moderne Rupertinum (I C/D6; s. S. 185): 1633 von Erzbischof Paris Lodron als Collegium Rupertinum

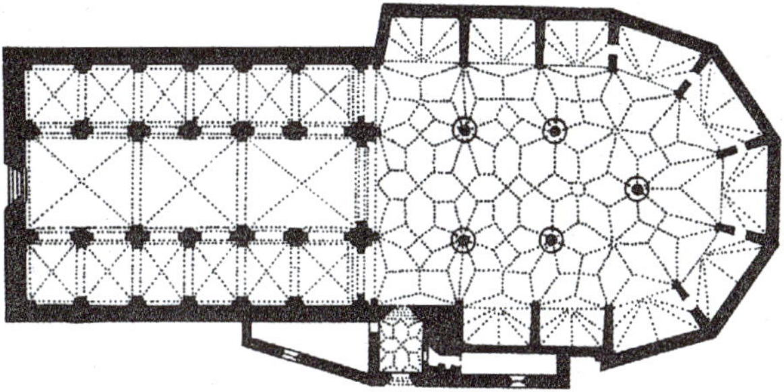

Franziskanerkirche, Grundriss

für Priesteramtsstudierende unter Einbeziehung eines älteren Baus gegründet, beherbergt das Gebäude heute Ausstellungsräume des Museums der Moderne. Die Hauptfassade des Baukomplexes in der Wiener-Philharmoniker-Gasse wurde 1981/82 durch Friedensreich Hundertwasser mit »Zungenbart-Fensterumrahmungen« aus Keramik dekoriert.

Franziskanerkirche (ehem. Stadtpfarrkirche zu Unserer Lieben Frau, Liebfrauenkirche; I D6): Mit ihrem berühmten Hallenchor und dem Hochaltar Johann Bernhard Fischer von Erlachs zählt diese Kirche der Bürgerstadt zu den bedeutendsten Bauwerken Salzburgs. Der erste Bau einer der Muttergottes geweihten Kirche bestand bereits im frühen 8. Jh. und wurde durch Bischof Virgil erneuert. Auch diese Kirche unterstand ursprünglich wie St. Michael dem Stift St. Peter. Um 1130–1583 erhielten sie die Petersfrauen als Klosterkirche, 1139–1635 diente sie den Bürgern als Stadtpfarrkirche. Die heutige Kirche geht in Teilen auf eine Erneuerung nach den Brandschatzungen von 1167 zurück. Für 1223 ist ein Weihedatum überliefert. Zu Beginn des 15. Jh.s wurde im Zuge einer Erneuerung ab etwa 1408 der spätgotische Chor errichtet. Architekt war der aus Wasserburg am Inn stammende Hans von Burghausen, der damals zu den bedeutendsten Baumeistern im ganzen Umkreis zählte. Auf ihn gehen u.a. St. Martin und die Hl.-Geist-Kirche in Landshut und St. Jakob in Straubing zurück. Nach dem Tod von Hans von Burghausen 1432 übernahm Stephan Krumenauer die Bauleitung. Wohl um 1455 war der Chor vollendet. Die Errichtung eines neuen Turmes fand 1498 ihren Abschluss, wobei man sich für dessen Gestaltung eines Risses aus Nürnberg bediente. 1592 erhielten die erst 1583 im Zug der Rekatholisierung nach Salzburg geholten Franziskaner durch Erzbischof Wolf Dietrich den Bau als Gotteshaus. Bis 1635 blieb auch noch die Funktion als Pfarrkirche und 1598–1628 als Kathedrale während des Domneubaus erhalten. Wohl deshalb kam es 1606 zum Einbau von Oratorien. Die Kirche wurde durch einen Gang mit der Residenz verbunden, der freistehende Chor nahezu umbaut. Erzbischof Max Gandolph Kuenburg ließ 1670 den gotischen Turmhelm durch eine weniger hohe welsche Haube ersetzen, da die Bürgerkirche die Bischofskirche nicht an Höhe überragen sollte. Um 1700 erfolgte die Barockisierung der Fassade. Ende des 18. Jh.s war das Langhaus durch glücklicherweise nicht zur Ausführung gekommene Pläne von Erzbischof Hieronymus Colloredo vom Abriss und der Chor von einer neuen klassizistischen Dekoration bedroht. 1866/67 erneuerte man den Turmhelm neugotisch nach Plänen von Josef Wessicken. Im Turm haben sich drei 1468 von Jörg Gloppischer gegossene Glocken erhalten. Die barocke **Fassade** im Westen weist eine einfache Kolossalpilastergliederung, einen Rundbogenabschluss und eine Darstellung von Maria Immaculata auf. Das romanische Stufenportal ist nur in purifizierter Form erhalten (Schwurhand als Zeichen des Asylrechts rechts unten). Am beachtenswerten Gewändeportal in der südlichen Turmhalle (durch die Kirche zu erreichen) befindet sich ein Tympa-

Franziskanerkirche, Chor

non aus der Zeit um 1220, wohl von einem in der Domwerkstatt von Trient geschulten Meister. Es zeigt den segnenden Christus auf dem Thron zwischen dem Apostel Petrus (?) und dem hl. Rupert. Der übrige skulpturale Schmuck am Türsturz und in der Kämpferzone wird einem einheimischen Salzburger Meister zugeschrieben.

Im **Inneren** entspricht das spätromanische Langhaus der traditionellen Basilikaform. Es besitzt drei mit Bandrippen überwölbte Joche im Mittelschiff und – dem quadratischen Schematismus und gebundenen System der Romanik entsprechend – sechs halb so große Joche in den Seitenschiffen. Die Jochgrenzen sind durch Rechteckvorlagen mit seitlichen Diensten und durch Kelchblattkapitelle betont. Durch den Einbau des sog. Totenoratoriums, u.a. zur Aufbahrung der verstorbenen Bischöfe, über dem nördlichen Seitenschiff unter Wolf Dietrich zu Beginn des 17. Jh.s und durch den Oratorieneinbau an der Südseite für die Mönche des Franziskanerklosters verlor das Langhaus einen Teil seiner Obergadenbeleuchtung. Im Kontrast dazu erscheint der vom Langhaus durch den Triumphbogen getrennte und wie ein Bild gerahmte 7/12-Hallenchor Hans von Burghausens in großer Lichtfülle. Er ist höher und breiter als das Langhaus und besticht durch Helligkeit, Höhe und räumliche Vereinheitlichung. Die fünf frei im Raum stehenden 28 m hohen Rundstützen erzeugen im Chor keine Schiffstrennung. Auch das Sterngewölbe ohne abgesetzte Gurt- und Scheidbögen trägt zu dieser Vereinheitlichung bei. Ungewöhnlich, aber vorher schon bei Peter Parler in Kolin und Hans von Burghausen in der Landshuter Hl.-Geist-Kirche angewendet, ist die Stellung der fünften Stütze in der Chorachse vor dem Mittelfenster. Das verleiht dem Raum eine starke Zentrierung. Auch die übrigen Rundstützen sind ohne Bezug zu den Wandpfeilerquerachsen gesetzt. Hier im Chor stand einst der vom Rat und vom Bürgermeister der Stadt in Auftrag gegebene spätgotische Flügelaltar von Michael Pacher (1495–98), von dem sich nur noch die Madonna und bemalte Fragmente erhalten haben (Wien, Österreichische Galerie Belvedere). Er dürfte der größte spätgotische Schnitzaltar im deutschsprachigen Bereich gewesen sein. 1708 erteilte Marinus Panger, der Guardian des Franziskanerklosters, Johann Bernhard Fischer von Erlach wegen des schlechten Zustands dieses Werkes den Auftrag zu einem neuen **Altar** (1709/10). Der Pacher-Altar wurde demoliert, nur die Madonna sollte bewusst erhalten bleiben, da sie in der Bevölkerung als Gnadenbild verehrt wurde. In Anlehnung an gotische Schnitzaltäre gestaltete Fischer einen dreiteiligen Aufbau in Portalform mit frei in den Raum schwingendem Diadembogen über den zum Teil über Eck gestellten Säulen und mit seitlichen Schreinswächtern, dem hl. Florian und hl. Georg. Im Zentrum thront die in ihrer originalen Fassung erhaltene und von Putten mit marianischen Symbolen umgebene Madonnenstatue Michael Pachers. Das Jesuskind ist allerdings eine Ergänzung von 1890. Im Altaraufsatz erscheint Gottvater in einer Strahlenglorie. Der frei vor den Mittelpfeiler gestellte hohe Altar, der etwa die Größe des alten Flügelaltares aufweist, verbindet Anklänge an spätgotische Altaraufbauten mit von Gian Lorenzo Bernini und Francesco Borromini inspirierten römischen Barockkonzepten. Die Bildhauerarbeiten wurden von Simeon Fries ausgeführt. Das Altargitter ist ein Werk von Thomas Reckeisen (um 1770). In der Kirche haben sich auch Reste spätgotischer Fresken erhalten, so am linken Triumphbogenpfeiler *Christus als Schmerzensmann* über einer Sakramentsnische in Trompe-l'oeil-Effekt (1446, Conrad Laib zugeschrieben). Am rechten Triumphbogenpfeiler sind die Reste einer von derselben Hand gemalten Ölbergszene und eine Madonna in der Mandorla mit Heiligen (1447) zu erkennen. Von anderer Hand stammt die Darstellung von zwei Steinmetzen bei der Arbeit, vermutlich die Baumeister Hans von Burghausen und Stephan Krumenauer, auf dem Pfeiler rechts vor dem Hochaltar (1456). Noch in die romanische Zeit gehört die skulpturale Kampfszene zwischen Löwe und Mensch am Fuß der spätgotischen Kanzel. Der siegreiche Löwe und vor allem der bedrängte, unter dem Löwen liegende Mann, dessen Schwert zerbrochen ist, sind erstaunlich realitätsnah wiedergegeben. Datiert wird diese Gruppe um 1220. Ihr ursprünglicher Aufstellungsort dürfte an einem Portal oder an einem Lettner gewesen sein. Als der untere Teil der nördlichen Chorfenster unter Wolf Dietrich im Zuge des Residenzbaus vermauert wurde, wurden 1605/06 auch die spätgotischen **Chorkapellen** erhöht und umgestaltet. Die reiche Ausstattung dieser Kapellen mit Stuck, Deckenfresken, Altar- und Seitenbildern erfolgte dagegen überwiegend erst im 17. und zu Beginn des 18. Jh.s und zeigt die stilistische Entwicklung von flächigen, manieristischen Dekorformen über üppige barocke Akanthusformen bis zu zart werdendem Rankenwerk. Ein Teil der bildlichen Darstellungen konnte allerdings bis heute nicht überzeugend einem Künstler zugeordnet werden. Die erste Kapelle links, die Fatimakapelle, wurde 1957 von Otto Prossinger eingerichtet. Sie befindet sich unter dem einer Renaissancehausfassade gleichenden und mit Fresken ausgeschmückten Privatoratorium von Erzbischof Wolf Dietrich (1606), dessen Entwurf Vincenzo Scamozzi zugeschrieben wird. Die erste große Kapelle ist die von Marcus Sitticus gestiftete Karl-Borromäus-Kapelle von 1613–15 mit goldgehöhtem Stuck und Szenen aus dem Leben des Heiligen, im Altar mit Fides und Caritas auf dem Giebel *Der versuchte Mord an Karl Borromäus*, an der linken Wand die *Kommunionspende an die Pestkranken* und rechts eine seiner Krankenheilungen. Karl Borromäus, ein Onkel des Erzbischofs, war 1610 heiliggesprochen worden. Die nachfolgende Geburt-Christi-Kapelle (auch Krippenkapelle) geht noch auf eine Stiftung Wolf Dietrichs zurück. Das durch manieristische Farbigkeit und einen sehr erzählerischen Aufbau geprägte Altarbild mit der *Anbetung der Hirten* soll von dem aus Siena stammenden Francesco Vanni stammen (angeblich signiert und 1600 datiert). Seitlich sind die *Heimsuchung* und die *Verkündigung an Maria* wiedergegeben, ebenfalls Vanni zugeschrieben. Der Stuckaltar selbst entstand Anfang des 18. Jh.s. Auch die Rochuskapelle weist an der Stirnseite Stuck aus der Zeit Wolf Dietrichs auf, wurde jedoch erst durch eine Stiftung der Stadt im Pestjahr 1625 mit dem *Hl. Rochus* zwischen einer *Pestprozession in Konstanz* (links) und einer *Reliquienprozession in Venedig* (rechts) ausgestattet. Die Hl.-Kreuz-Kapelle aus der Zeit um 1670 zeigt zwischen einer *Beweinung* (links) und *Kreuztragung* (rechts) die *Kreuzigung Jesu* im Altar und weitere Passionsszenen an der Decke. Die tiefere der Hl. Dreifaltigkeit geweihte Chorhauptkapelle wurde Ende des 17. Jh.s stuckiert und enthält einen Hans Aßlinger zugeschriebenen Marmoraltar von 1561 aus dem alten Dom mit der *Auferstehung Jesu*. Die Bilder im Gewölbe mit einer Darstellung der Trinität in drei göttlichen Personen und an den Seitenwänden mit v. a. Szenen aus dem Marienleben schuf Wilhelm Faistenberger 1670. Wieder von der Stadt gestiftet wurde die ab 1704 dekorierte Josephskapelle mit *Joseph als Fürbitter* im Altarbild und an den Wänden Szenen aus seinem Leben, die Johann Friedrich Pereth zugeschrieben werden. Auch die Sebastianskapelle, die im Aufbau der Rochuskapelle gleicht, ist eine Stiftung der Stadt (1700?). Sie besitzt sehr qualitätvolle Darstellungen eines unbekannten Künstlers mit Szenen aus dem Leben des hl. Sebastian. Die Anna-Kapelle mit Szenen aus dem Leben der Mutter Mariens und *Mariä Tempelgang* als Altarblatt ist eine Stiftung von Erzbischof Max Gandolph Kuenburg von 1679. Den reich vergoldeten Stuck fertigte Paolo Brenno 1680. Die Darstellung des *Todes der hl. Anna* links stammt von Christoph Lederwasch (um 1680). Die besonders beachtenswerte Franziskus-Kapelle wurde um 1690 von Erzbischof Johann Ernst Thun gestiftet und von Ottavio Mosto stuckiert. Die vier Statuen der Kardinaltugenden, die die Seitenbilder rahmen, gelten als Arbeit von Matthias Wilhelm Weissenkirchner. Die bildliche Ausstattung mit Szenen aus der Franziskusvita und dem *Hl. Fran-*

ziskus als Helfer der Armen (1693) im Altarblatt stammt von Johann Michael Rottmayr, einem der bedeutendsten Barockmaler Österreichs. Die beiden Altäre in den Seitenschiffen der Kirche stammen aus dem 19. Jh., das Altarbild mit dem *Hl. Antonius* (rechts vom Eingang) jedoch aus dem 17. Jh. Hans Waldburger schuf die Pietà in der rechten Seitenkapelle (um 1619). An der Westwand des Südschiffs hat sich außerdem ein Fragment des ehem. Hochgrabes des hl. Virgil erhalten (1315 gestiftet), die großen Gemälde des hl. Johannes Nepomuk und des hl. Wenzel stammen von Jacob Zanusi (1723).

Franziskanerkloster (Franziskanergasse 5): Das seit Erzbischof Wolf Dietrich durch einen Schwibbogen mit der Kirche verbundene und an St. Peter angrenzende Franziskanerkloster entstand seinerzeit durch einen Umbau des alten Klosters der Petersfrauen und wurde 1686–89 erneuert. Das Relief mit dem hl. Franziskus über der ehem. Klosterpforte stammt von 1605. Das Kloster bewahrt u. a. eine Schöne Madonna (um 1410), einen Altar von Hans Waldburger im Oratorium, Gemälde von Johann Michael Rottmayr und die originale Entwurfszeichnung Fischer von Erlachs für den Hochaltar der Kirche.

♦ **Erzabtei St. Peter** (I D6): Durch eine Toranlage im Anschluss an das Franziskanerkloster betritt man den barocken Stiftshof von St. Peter. An diesen Hof schließen sich im Osten der nicht zugängliche Klosterhof mit Kreuzgang und der Petersfriedhof an. Im barocken Stiftshof, in dessen Mitte der Brunnen von 1673, ehemals auch als Fischkalter genutzt, von einer Statue des hl. Petrus von Bartholomäus van Opstal bekrönt wird, befindet sich auch der Zugang zur altehrwürdigen Kirche. Hier, im ältesten ununterbrochen bestehenden Kloster im deutschsprachigen Raum, liegt die Keimzelle der christlichen Geschichte Salzburgs. St. Peter besitzt aber auch die älteste Bibliothek Österreichs mit wertvollen Handschriften und Drucken, ein bedeutendes Musikalienarchiv und im gepflegten Peterskeller die älteste belegte Gaststätte Mitteleuropas (803 erwähnt).

Als der hl. Rupert, Bischof von Worms und Spross aus hohem fränkischen Adel, um 696 (nach alter, aber historisch nicht zu haltender Tradition des Klosters bereits 582) in das von den Römern weitgehend verlassene Iuvavum kam, dürfte er in der romanischen Restbevölkerung eine kleine, mindestens seit den Zeiten des hl. Severin (um 470) bestehende christliche Gemeinde und eine kleine Mönchsgemeinschaft vorgefunden haben. Von hier aus begann Rupert seine Erneuerungs- und Missionsarbeit. Er gründete das Kloster zu Ehren des hl. Petrus und erbaute die erste Kirche (*ecclesia formosa*), die bis zum Dombau durch Virgil vermutlich auch als Bischofskirche diente und die sich nach jüngsten Untersuchungen im Mauerwerk des heutigen Baus teilweise erhalten hat. Mauerreste unter dem Altarbereich weisen sogar ins 5. Jh. zurück. Von dieser Niederlassung aus setzte die Missionierung der östlichen Gebiete des heutigen Österreichs ein. Auch das Stift Nonnberg, ein Frauenkloster, ist eine Gründung des hl. Rupert, ebenso die Maximilianszelle in Bischofshofen (711/712). Das Kloster St. Peter und das Bistum, zu dem Salzburg 739 erhoben wurde, blieben anfänglich eng miteinander verknüpft. Der Bischof war zugleich der Abt des Klosters. Unter Abtbischof Arno erlebte das Kloster seine erste große Blüte. 987 wurde die Personalunion von Abt und Bischof aufgehoben, doch blieb das Kloster noch bis 1110 Wohnsitz des Salzburger Bischofs. 1116 wurde die Hirsauer Reform im Kloster eingeführt. 1127 kam es zu einem Brand, der 1130–43 unter Abt Balderich die Reparatur beschädigter Teile und eine Erweiterung der alten Kirche zu einer dreischiffigen, flach gedeckten Basilika, dem heutigen Kernbau, nach sich zog. Das 12. und 13. Jh. brachten darüber hinaus die herausragenden Leistungen der seit dem 9. Jh. tätigen Schreibschule von St. Peter, einer der bedeutendsten im süddeutschen Raum. Außerdem hatte Abt Thiemo bereits im 11. Jh. den Glockenguss hier eingeführt. Ab 1147 wurde in einer technischen Meisterleistung der Almkanal mit einem Stollen durch den Mönchsberg angelegt, um im Kloster eine Mühle betreiben zu können. Im 13. Jh. folgten die Errichtung der Hl.-Geist-Kapelle, der Katharinenkapelle (1215) und die Erneuerung des Hauptportals, im 14. Jh. der Bau der St.-Veits-Kapelle (1319). 1431 schloss sich das Kloster der Melker Reform an. Das beginnende 17. Jh. brachte die Erneuerung des Chors in Rechteckform (1605), die Einwölbung anstelle der ursprünglichen flachen Holzdecke, den Bau der Kuppel ab 1622 und die Ausstattung mit drei frühbarocken Altären von Hans Waldburger. Nach der Gründung der Benediktineruniversität durch Erzbischof Paris Lodron 1622 stellte das Kloster zahlreiche bedeutende Professoren. Nach Umbauten und Erweiterungen der Klosteranlage im 17. Jh. erfolgte eine einschneidende Erneuerung unter Abt Beda Seeauer Ende des 18. Jh.s mit einer Erhöhung des Turmes, einem neuen Zwiebelhelm, der Barockisierung der Vorhallenfassade und der Innenausstattung der Kirche in den Formen des Rokoko. Die dazu berufenen Künstler waren vor allem Franz Xaver König, Johann Martin Schmidt gen. Kremser Schmidt und für die Bildhauerarbeiten Franz Hitzl und Lorenz Hörmbler. Erst 1925/26 kam unter Erzabt Petrus Klotz im Westen der dritte Hof für das Collegium Benedictinum dazu, dessen Architektur Peter Behrens in Zusammenarbeit mit seinem Schüler Hans Döllgast entwarf und Anton Faistauer mit Fassadenfresken versah. Der Brunnen in diesem Hof ist dem hl. Rupert gewidmet. Die Heiligenstatue von 1627 wurde allerdings erst 1927 von einem hl. Virgil in einen hl. Rupert verwandelt, indem Virgils Dommodell durch ein Salzfass ersetzt wurde. Im Inneren ist der expressionistische Kruzifixus von Jakob Adlhart (»Schreckenskruzifixus«, 1925) sehenswert. 1927 wurde das Stift zur Erzabtei erhoben.

St. Peter, Tympanon des romanischen Portals in der Vorhalle

Unter den Nationalsozialisten wurden die meisten Mönche aus dem Kloster vertrieben, konnten nach dem Zweiten Weltkrieg jedoch wieder zurückkehren. Seit 2014 werden kostbare Kunstschätze des Stifts im Rahmen des Domquartiers der Öffentlichkeit präsentiert.

Die um 1760 mit Pilastern und den Portalsäulen geschmückte **Fassade** der Vorhalle der Stiftskirche erhielt 1781–83 ihren bekrönenden Statuenschmuck von Franz Hitzl mit dem Jesuskind als Sieger über das Böse zwischen den Aposteln Petrus und Paulus. Die Nischenskulptur über dem Portal stellt den hl. Rupert dar und ist ein Werk von Josef Anton Pfaffinger (1763). Rupert, der Salzburger Landespatron, wird als Bischof von Worms mit Mitra wiedergegeben. Sein wichtigstes Attribut, das Salzfass, wurde jedoch erst Mitte des 15. Jh.s gebräuchlich. St. Peter war im späten 12. Jh. wesentlich an der Wiederaufnahme der Salzgewinnung in Hallein beteiligt. Hinter dieser Vorhalle erhebt sich der im unteren Bereich romanische Turm, der auch noch karolingische Mauersubstanz enthält. Im Inneren der Vorhalle hat sich die romanische mit dem Südportal der Franziskanerkirche vergleichbare Portalanlage mit Knospenkapitellen an den eingestellten Säulen erhalten. Über einem Fries aus Weinranken erscheint im Tympanon Christus auf der Sphaira thronend zwischen den knienden Aposteln Petrus und Paulus. In den Zwickeln weist jeweils ein Baum mit Vogel auf das Paradies. Das Tympanon wird um 1250 datiert und einem einheimischen Meister unter lombardischem Einfluss zugeschrieben. Die Christus und die Tür sinnfällig verbindende lateinische Inschrift lautet: »Ich bin die Pforte des Lebens; kommt, ihr Heilsbedürftigen, und geht durch mich ein; es führt kein anderer Weg zum Leben«. Die Türflügel von Lorenz Hörmbler, von dem auch die Entwürfe der meisten Altaraufbauten im Inneren stammen, sind eine Arbeit des 18. Jh.s, ebenso das Lünettengitter mit Rocailleschmuck. Das reich ausgestattete dreischiffige **Kircheninnere** im Basilikaschema hat den Bau von 1130–43 (Balderichbau) mit seinem sächsischen Stützenwechsel (Pfeiler – Säule – Säule – Pfeiler), den Würfelkapitellen, einem nur wenig vorspringenden Querschiff und einer Krypta bewahrt, ist jedoch in seiner Erscheinung durch die Erneuerung unter Abt Beda Seeauer geprägt. Rechts vom Eingang befindet sich die Hl.-Geist-Kapelle, links die Wolfgangkapelle. Das prachtvolle Rokokoabschlussgitter stammt vom Salzburger Hofschlossermeister Philipp Hinterseer (1768), die zartgrüne Rokokostuckierung, die dem Raum Einheitlichkeit verleiht, von Benedikt Zöpf. Die von Erzählungen lebende Bildausstattung entstand nicht in einem Guss, doch hinterlegt sie dem gesamten Bau eine in sich schlüssige Bedeutung. Oben im Gewölbe sind die Fresken, die Johann Baptist Weiß 1764 schuf, Szenen aus dem Leben des Kirchenpatrons gewidmet: *Berufung Petri* (vom Eingang aus), *Schlüsselübergabe an Petrus* und *Petrus schreitet über das Wasser.* Hierarchisch abgestuft erscheint an den Wänden des Langhauses an der Nordseite oben die Vita des hl. Benedikt, des Ordensgründers, und im Süden die Vita des hl. Rupert, des Klostergründers, mit der Geschichte des Klosters. Beide Zyklen wurden von Franz Xaver König 1757 gemalt. Die großen querrechteckigen Bilder an der Hochschiffwand zeigen links die Kreuzerhöhung (1632, Antonio Solari), daneben eine Benediktszene mit der Segnung König Totilas (Thiemo Sing, 1660) und rechts den Kreuzweg Christi (Kaspar Memberger, 1591, aus dem alten Dom), daneben den hl. Rupert mit dem Bayernherzog Theodo vor St. Peter (Thiemo Sing, 1660). Diese Bilder korrespondieren mit den Altären, deren Altarblätter größtenteils von Johann Martin Schmidt gen. Kremser Schmidt und seiner Werkstatt stammen. Schmidt hat über 30 Werke für Kirche und Kloster von St. Peter geschaffen. In der Vierungskuppel zieren die vier lateinischen Kirchenväter Gregor, Augustinus, Hieronymus und Ambrosius die Pendentifs, den Tambour die Acht Seligkeiten und die Kuppelschale musizierende Engel unter der Taube des Hl. Geistes in der Laterne (Franz Xaver König). An den Wänden im Chor erscheinen die Kreuzigung Petri und die Enthauptung von Paulus (F. X. König); die beiden Apostel sind auch über der Kanzel und über der gegenüberliegenden Fürstenempore dargestellt. An der Querhauswand links ist die *Geburt Jesu Christi* und rechts vom Chor die *Anbetung der Könige* dargestellt (F. X. König). Im Gewölbe des linken Querhauses wird jeweils in Bezug zum Altar darunter die Auffindung des Grabmals des hl. Amandus und im rechten Querhausgewölbe die Predigt des hl. Vitalis gezeigt (F. X. König). Im Hochaltarbild von Kremser Schmidt ist die *Fürbitte der Hll. Benedikt, Petrus und Paulus vor Maria mit dem Kind* wiedergegeben. Die Statuen von Franz Hitzl stellen die Salzburger Hll. Virgil, Rupert, Vitalis und Amandus dar (1777/78). Der linke, dem hl. Amandus geweihte Seitenaltar hat die Enthauptung von Johannes dem Täufer zwischen den Statuen der Hll. Georg und Martin zum Thema, der rechte Vitalisaltar die Glorie des hl. Vitalis zwischen den Statuen der Hll. Wolfgang und Ulrich (beide Altarblätter von Kremser Schmidt). Der kleine Vitalisaltar an der Südwand ist mit Statuen der Hll. Vitalis, Beda und Anselm von Lorenz Hörmbler geschmückt. Daneben befindet sich das Grabmal des hl. Vitalis, der Nachfolger des hl. Rupert als Abt von St. Peter war. Die ehemals zu einem Tumbengrab mit Aufbau gehörende, beachtenswerte Grabplatte mit der Darstellung des Heiligen in Ganzfigur dürfte kurz vor 1429 entstanden sein und gegen Ende des Jahrhunderts eine Überarbeitung erfahren haben. Die Lilie ist eine Zutat des 18. Jh.s. Der Maria-Säul-Altar an der Nordwand des linken Querschiffs bewahrt eine sog. Schöne Madonna aus Gussstein zwischen den Statuen der Hll. Cäcilia und Agnes. Sie gehört zu den besten Beispielen dieses Typus und entstand in der Zeit des Weichen Stils um etwa 1420. Im Barock wurde sie mit Herrschaftszeichen ausgestattet. Die beiden größeren Altäre im Langschiff sind im Norden dem hl. Benedikt mit dem Tod des Heiligen (Kremser Schmidt, 1782) und Statuen der Hll. Scholastika und Erentrudis (1776) und im Süden dem hl. Rupert, ebenfalls mit dem Tod des Heiligen (Silvester Paur, 1661) zwischen den Hll. Maurus und Placidus, geweiht. Die kleineren Altäre in Chornähe sind links der Schutzengel-Altar mit den Neun Chören der Engel (Karl von Reslfeld, 1704) zwischen den Figuren der Hll. Rosalia und Thekla und rechts der Sakramentsaltar mit der Hl. Familie (1775) zwischen den Heiligen Gertrud und Theresia. Das stimmungsvolle Bild der Hl. Familie war der erste Auftrag an Johann Martin Schmidt für St. Peter. In Eingangsnähe ergänzen der Apostelaltar (Norden) und der Skapulieraltar (Süden) mit der Verleihung des Skapuliers an Simon Stock (beide Kremser Schmidt, 1776) die Ausstattung. So wird in der Stiftskirche im Bildprogramm mit der Geburt Jesu Christi, seiner ersten Anerkennung durch die Könige und seinem Erlösungswerk das Fundament des christlichen Bekenntnisses gezeigt. Petrus, der Patron, ist der Fels, auf den Christus seine Kirche baute, und Petrus und Paulus gemeinsam gelten als die Säulen der Kirche. Die weitere geschichtliche Entwicklung wird mit den Viten des Mönchsvaters und Ordensgründers Benedikt und des Klostergründers Rupert aufgezeigt. Vitalis und Amandus sind Salzburger Ortsheilige. Das Kloster St. Peter, der Benediktinerorden und die Lokalheiligen werden so als Glaubensvermittler in einer geschichtlichen Entwicklung verortet. Dieses programmatische Aufzeigen der historischen Kontinuität dürfte neben den Kosten ein Grund gewesen sein, dass man die romanische Kirche erhielt und nur neu dekorierte. Im Gegensatz zu den früheren barock-illusionistischen Visionen eines Allerheiligenhimmels in der Dreifaltigkeits- oder der Kajetanerkirche wird hier im Zeitalter der Aufklärung der Ablauf der Heilsgeschichte zum tragenden Thema. Im südlichen Seitenschiff befindet sich das als Grab des hl. Rupert verehrte Felsengrab mit der Grabplatte von 1444 und einem spätantiken Sarkophag (5. Jh.). In den angebauten Kapellen stammen die Altarblätter wieder von Johann Martin Schmidt. In der ersten Kapelle (vom Eingang aus) ist das Grabmal für Hans Werner von Raitenau aufgestellt, den Vater Wolf Dietrichs (Veit Eschay aus Augsburg zugeschrieben), in der vierten Kapelle das Epitaph für Johann Michael Haydn (1821). Der Prospekt der Hauptorgel von 1620 mit Überarbeitungen von 1763 enthält die Statuen der Hll. Rupert, Petrus und Virgil vom ehemaligen Hochaltar von Hans Waldburger (1625). Das Orgelwerk schuf Fritz Mertel zu Beginn des 20. Jh.s. An der

Nordseite befindet sich auch der Eingang zur 1130 erbauten und um 1319 umgestalteten **Marienkapelle** (nur zum Chorgebet zugänglich). Sie stellt den ältesten gotischen Bau der Stadt dar, mit Apsisfresken von 1320 und einer etwa gleichzeitigen Sandsteinmadonna. Hier befindet sich auch die Grabplatte für Abt Johannes von Staupitz, Förderer und Freund Martin Luthers (gest. 1524). Die ältesten Teile des ebenfalls nicht zugänglichen Kreuzgangs stammen noch aus dem 12. und 13. Jh., das Brunnenhaus wird auf das Ende des 12. Jh.s datiert. Der berühmte, ♦ viel bedichtete und gemalte **Petersfriedhof** (I D6) reicht bis in die römische Zeit zurück und ist der älteste christliche Bestattungsort in Salzburg. Um 1627 wurden die Arkaden nach dem Vorbild des Sebastiansfriedhofs als Ersatz für Bestattungen in der Kirche angelegt, in einer davon das von Ludwig von Schwanthaler stammende neugotische Grabmal der Gräfin Ludovica Lanckoronská (1839). 1878 wurde der Friedhof als Begräbnisstätte aufgehoben. 1907 sollte hier sogar eine vom Thronfolger Franz Ferdinand verhinderte Straße durchgeführt werden, ab 1930 durfte er wieder als Friedhof genutzt werden. An die Kirche angebaut ist die von Herzog Leopold VI. gestiftete, 1227 geweihte Mariazellerkapelle mit einer Nachbildung des Mariazeller Hochaltares (1733) und klassizistischem Stuck von Peter Pflauder (1792). Das Kriegerdenkmal außen an der Chorapsis stammt von Hilde Heger (1935). Die **Margaretenkapelle** mitten im Friedhof wurde 1485–91 als einschiffiger Saalbau durch Peter Inzinger errichtet, 1659 und 1731 barockisiert und 1864 durch Georg Pezolt regotisiert. Sie besitzt ein schönes spätgotisches Gewölbe, ein Altargehäuse von Pezolt (1865) mit einer Madonna und Kopien von Reliefs des Marienlebens aus dem 15. Jh. und zahlreiche alte Grabsteine (darunter für Virgil von Uiberacker, 1532, Hans Valkenauer zugeschrieben). Die alten Tympanonfiguren wurden 1943 gestohlen. An der Stelle, an der der Überlieferung nach das erste Kloster errichtet wurde, befindet sich am Fuße des Mönchsbergs die 1170 geweihte und 1615–25 durch Santino Solari und Arsenio Donato Mascagni umgestaltete Kreuzkapelle (nicht zugänglich). Bei den erst seit dem 19. Jh. so genannten **Katakomben** über den Arkaden in der Mönchsbergwand handelt es sich um bis ins 3./4. Jh. zurückreichende Gebetsstätten und Eremitenbehausungen, nicht um Zufluchtsorte verfolgter Christen. Der legendarischen Überlieferung nach soll hier der frühchristliche Heilige Maximus das Martyrium erlitten haben. Man betritt die Katakomben über die Communegruft von 1759, mit einer Kreuzigungsgruppe und einer Totentanzdarstellung (17. Jh.). Hier sind Nannerl, die Schwester Mozarts, und der Komponist Johann Michael Haydn beigesetzt. Die Kapelle in der ersten Höhle ist die 1178 geweihte Gertraudenkapelle, der romanische Pfeiler wurde aber erst im 17. Jh. eingebaut. Der Terrakottaaltar stammt von 1862. Die obere Kapelle ist die Maximuskapelle mit zwei Altären des 19. Jh.s und dem angeblichen Märtyrergrab. Am Friedhofsausgang zum Kapitelplatz befinden sich der Almkanal, die alte Stiftsmühle und die Pfisterei, die seit etwa 1160 bestehende Stiftsbäckerei.

Kollegienkirche Unsere Liebe Frau (I C/D6): Der bedeutendste hochbarocke Kirchenbau der Stadt stellt zugleich das wichtigste sakrale Hauptwerk Johann Bernhard Fischer von Erlachs neben der Karlskirche in Wien dar und gehört zu den Höhepunkten sakraler Barockbaukunst. 1622 war in Salzburg das Gymnasium der Benediktiner von St. Peter unter Erzbischof Paris Graf Lodron zur Universität erhoben worden. Der für das neue Kolleg geplante Kirchenbau konnte jedoch erst unter Erzbischof Johann Ernst Thun auf dem Gelände des ehemaligen Frauengartens neben dem Universitätsgebäude ab 1694 realisiert werden. Der Erzbischof steuerte eine große Summe aus seiner Privatkasse bei und tätigte auch eine finanzielle Zuwendung an die Universität, um das Unternehmen ♦

über seinen Tod hinaus abzusichern. Spätestens 1695 dürfte der nicht erhaltene Planungsauftrag an den bereits für den Erzbischof tätigen Fischer von Erlach ergangen sein, 1696 wurde der Grundstein gelegt. Die Bauleitung vor Ort wurde dem Hofmaurermeister Johann Grabner anvertraut. Fischer musste jedoch mindestens dreimal jährlich von Wien zur Begutachtung anreisen. In der ersten Bauphase kam es den erhaltenen Bauzeichnungen nach zu schließen noch zu einigen nicht unerheblichen Planänderungen. So war die Fassade in Anlehnung an jene des Domes ursprünglich flach angelegt. Die Steinmetzarbeiten am Bau oblagen den Bildhauern Hans Schwäbl, Andreas Götzinger, Sebastian Stumpfegger und Gregor Götzinger. Ab 1702 wurde an der Innenausstattung gearbeitet. 1705/06 sind Verträge mit den Stuckatoren datiert. 1707 fand die Weihe der allerdings nicht fertig ausgestatteten Kirche zu Ehren von Maria Immaculata statt. Am 8. Dezember 1696 hatten der Erzbischof, die Salzburger Theologieprofessoren und der Stadtmagistrat in einem feierlichen Gelöbnis bekräftigt, die Lehre von der Empfängnis Mariens ohne Erbschuld entschieden zu vertreten. So war die Wahl des Patroziniums nur folgerichtig. 1708 wurde außerdem das in manchen Gebieten, auch in Österreich, schon lange gefeierte Fest der Immaculata conceptio durch den Papst als gesamtkirchliches bestätigt. Die Erhebung zum Dogma erfolgte allerdings erst 1854. Auf dem Platz vor der Kirche sollte ursprünglich eine Immaculata-Säule errichtet werden. Ab 1708 installierte Johann Christoph Egedacher die Orgel. Unter Thuns Nachfolger, Erzbischof Franz Anton Harrach, der Lucas von Hildebrandt als Architekten bevorzugte, ging die Fertigstellung nur schleppend weiter. Man scheint damals auch eine Freskierung der möglicherweise nie ganz nach Fischers Konzept vollendeten Tonne überlegt zu haben. 1717 wurde der untere Bereich des Chorfensters vermauert, 1723 kam es zu ersten Veränderun-

Kollegienkirche, Innenraum

gen, 1738 zu einer grundlegenden Neugestaltung des Hochaltaraufbaus. Die letzte umfassende Restaurierung erfolgte 2003–13.

Die Kirche ist nicht wie üblich geostet, sondern nach Süden ausgerichtet. Die vorspringende **Zweiturmfassade** wölbt sich im Mittelrisalit schildartig in den umgebenden Platz hinein und steigert sich im diademartigen Giebel, den gestelzten Schallöffnungen der Türme und in deren nach oben gewölbten Balustraden mit Statuenschmuck steil in die Höhe. Zwischen Kolossalpilastern gliedern drei Portalöffnungen, darüberliegende Fenster und hochovale Okuli den Mittelrisalit. Das mittlere Fenster ist durch einen Balkon hervorgehoben und schneidet – so den Höhenzug betonend – in die Gebälkzone ein. Die Türme, deren Abschluss von Guarino Guarini angeregt sein dürfte, übernehmen das Instrumentarium des zentralen Baukörpers. Sie sind zwar gegenüber dem Mittelrisalit zurückgesetzt, jedoch höher. Auch sie treten vor die eigentliche Fassadenebene, die nur in den beiden schmalen, durchbrochenen Wandstreifen zwischen Türmen und Mittelrisalit erkennbar wird. Die Gliederungselemente der Fassade bleiben fein abgestuft an die Fläche gebunden, der Baukörper selbst ist jedoch von großer Plastizität und bewegt aufgefasst. Für die Fernwirkung der Kirche ist die hohe Tambourkuppel wichtig. Fischer setzte sich im Grundschema mit dem Dom auseinander, verwandelte und steigerte dies jedoch aufgrund seiner römischen Erfahrungen. Seine dramatisch inszenierte, monumentale Schauseite, die einen herausragenden Akzent in der Silhouette der Stadt bildet, fand reiche Nachfolge in der süddeutschen Barockarchitektur (Weingarten, Einsiedeln, Ottobeuren, St. Gallen). Das Statuenprogramm zeigt als Giebelbekrönung Maria Immaculata (Matthias Wilhelm Weissenkirchner). Michael Bernhard Mandl schuf die seitlichen Engel mit Palmzweigen und die vier Evangelisten Lukas, Markus, Matthäus und Johannes (links, Domseite) und die vier lateinischen Kirchenväter Gregor, Hieronymus, Ambrosius und Augustinus (rechts, Universitätsseite) auf den Türmen. Die Statue des hl. Augustinus ist allerdings eine Kopie (das durch einen Blitzschlag beschädigte Original befindet sich in Oberalm vor dem Pfarrhof). Der von der römischen Kirche San Carlo ai Catinari von Rosato Rosati angeregte **Grundriss** weist ein gelängtes griechisches Kreuz mit einer querovalen Vorhalle und zwischen den Kreuzarmen längsovalen Kapellen auf, die durch Öffnungen mit den darüberliegenden Oratorien verbunden sind. In Anlehnung an den Dom haben auch sie Balkone. Der regelhaft und rational gebildete **Innenraum** ist von einer Tonne überwölbt, die nach den ursprünglichen Plänen Fischers allerdings stärker durchlichtet konzipiert war. Über der mittig gelegenen Vierung erhebt sich die Tambourkuppel, dennoch bleibt die Längstendenz des Raumes vorherrschend. Die größte Lichtfülle findet sich nicht unter der Kuppel, sondern im Altarraum. Die Raumproportionen sind extrem steil. Die Schiffsbreite beträgt 13 m, der Gewölbescheitel befindet sich in 31 m und die Laternenspitze in 62 m Höhe. Auch im Inneren finden sich korinthische Kolossalpilaster auf sehr hohen Sockeln zwischen den Öffnungen zu den Seitenkapellen mit darüber befindlichen Nischen. Der Stuck ist der architektonischen Gliederung untergeordnet. Die klare Durchbildung der Mittelschiffswände erinnert an die Gestaltung von Außenwänden. Im Chorbereich erfahren die Kolossalpilaster in zwei freistehenden Säulen unter verkröpftem Gebälk eine hierarchische Steigerung. Diese Säulen haben jedoch keine architektonische Funktion, da sie nicht zu einer Altararchitektur gehören und der Gurtbogen im Gewölbe erst über den dahinterliegenden Pilastern ansetzt. Symbolisch spielen sie u. a. auf Jachin und Boas an, die beiden Säulen des Salomonischen Tempels. In der Apsis umfängt – in Auseinandersetzung mit dem Fischer gut bekannten Cathedra-Altar Gian Lorenzo Berninis in St. Peter in Rom – eine bis in die durchlichtete Kalotte reichende Stuckgloriole aus Wolken und Putten die Statue der Maria Immaculata. Diese erscheint in einem goldenen Strahlenkranz und wird vom Licht des Chorfensters verklärt. Das Apsisfenster besitzt nach der letzten Restaurierung nun wieder seine ursprüngliche Größe. Die Kollegienkirche ist innen ganz in kühlem Weiß gehalten, so dass sich die Raumwirkung klassisch streng nur von den Proportionen und der architektonischen Gliederung her entwickelt. Die seinerzeitigen Überlegungen zur Freskierung dürften nicht Fischers Plänen entsprochen haben. Für einen Kirchenraum in Weiß mit intensiver Lichtwirkung könnte vor allem auch die römische Universitätskirche Sant'Ivo alla Sapienza von Francesco Borromini Vorbild gewesen sein. Die Stuckdekoration und die von Bernini inspirierte Chorgloriole mit Maria Immaculata und Engeln führten Diego Francesco Carlone und Paolo d'Allio ab 1705 nach Entwürfen Fischers aus. Auch für den Fußboden existiert eine Zeichnung Fischers. Den ursprünglichen, etwa 5 m hohen **Hochaltar** nach Entwurf Fischers mit einer freistehenden Mensa und darüber einem Tabernakel in Gestalt eines Tempiettos errichteten die Bildhauer Hans Schwäbl, Sebastian Stumpfegger und Gregor Götzinger ab 1707. Die heutige, viel kleinteiligere Altarkonzeption stammt dagegen – von einigen Veränderungen durch Wolfgang Hagenauer 1793 abgesehen – von 1738–40. Sie geht auf einen Entwurf von Johann Kleber zurück. Die Ausführung oblag vor allem dem Bildhauer Josef Anton Pfaffinger. Das ikonographische Programm erstellte der Hofarchitekt Pater Bernhard Stuart. Allerdings haben die Veränderungen von 1793 die Lesbarkeit erschwert, da viele Attribute fehlen. Nach dem Spruch Salomos »Die Weisheit hat sich ihr Haus gebaut …« (Buch der Weisheit 9,1) versinnbildlicht der Altar den Sitz der göttlichen Weisheit. Neben und über sieben Säulen befinden sich die Personifikationen von Musik, Poesie, Malerei, Architektur und der vier Fakultäten, die sieben Erzengel und die göttlichen Tugenden Spes, Fides und Caritas. Davor birgt der salomonische Löwenthron das Sakramentshäuschen; über ihm erscheint die Taube des Hl. Geistes. Die beiden stark farbigen **Seitenaltäre** sind dem hl. Benedikt (Westen) und dem hl. Karl Borromäus (Osten) geweiht. Bereits das Kolleggebäude des Gymnasiums war dem Mailänder Pestheiligen Karl Borromäus gewidmet, dem Onkel des Gründers Erzbischof Marcus Sitticus. Der hl. Benedikt ist Gründer und Patron des Benediktinerordens, dem die Professoren angehörten. Die Altarbilder mit Darstellungen der beiden Heiligen und Begebenheiten aus ihren Viten wurden von Johann Michael Rottmayr (1721/22) gemalt. Im Auszug erscheint im Karl-Borromäus-Altar die Rosenkranzspende, im Benedikt-Altar der Erzengel Raphael mit Tobias, ein Schutzengelbild. Die Statuen der Salzburger Patrone Rupert und Virgil und zwei Engel am Borromäus-Altar schuf Josef Anton Pfaffinger. Auf dem Benedikt-Altar stellen die Skulpturen die Hll. Scholastika und Erentrudis dar. Die Kanzel entstand 1778. Die **Ovalkapellen** mit Durchblick zu den darüberliegenden Oratorien sind den vier Fakultäten und ihren Schutzpatronen zugeordnet. Die Kapelle der theologischen Fakultät (Südwesten) weist eine Darstellung des hl. Thomas von Aquin von der Hand Johann Georg Bergmüllers (1719) auf. Die Heiligenstatuen stellen Papst Gregor den Großen und Anselmus dar. Das Bild mit dem hl. Ivo, Schutzpatron der Juristen, in der südöstlichen Kapelle schuf Franz Georg Hermann (1722), die Statuen stellen die Hll. Isidor und Burkhard dar. Die Patronin der Philosophen, die hl. Katharina von Alexandrien, in der nordwestlichen Kapelle malte Johann Georg Bergmüller. Das Altarbild wird gerahmt von den Statuen der Hll. Lanfrancus und Beda Venerabilis. Das 1720 von Stift Admont gestiftete Bild des hl. Lukas mit Cosmas und Damian,

Patrone der Mediziner, in der nordöstlichen Kapelle stammt von einem unbekannten Meister. Die Statuen stellen die Hll. Ägidius und Magnus dar. Acht der sechzehn weiteren Heiligenstatuen in den Nischen der Kapellen stammen von Meinrad Guggenbichler, zwei von Josef Anton Pfaffinger (Theresa und Joseph, 1723). Die ehemals in den Pfeilernischen des Langhauses aufgestellten 20 Statuen von Johann Piger aus den Jahren 1904–10 sind heute entfernt. Ikonologisch kann die Kollegienkirche sowohl in ihren Bauformen als auch im Ausstattungsprogramm als Domus oder Sedes sapientiae, als Sitz der göttlichen Weisheit interpretiert werden. Das sind auch gängige Beinamen Mariens. So lässt sich das Programm sowohl auf Maria als auch auf die Universität selbst beziehen.

Universitätsplatz (I C/D6): Das ehemals zur Mönchsstadt gehörende Gebiet diente 1125–1583 den Petersfrauen, den Nonnen des Stiftes St. Peter, als Garten (Frauengarten). Nach der Auflösung des Nonnenstifts nutzten ihn die Franziskaner. Von der Bürgerstadt war er durch eine Mauer getrennt. Erst mit dem Bau der Universität und der Kollegienkirche entstand hier ein öffentlicher Platz (Kollegienplatz). 1857 wurde der auch vorher schon Spezialmärkten dienende Platz zum Hauptmarkt der Stadt. Bis ins 14. Jh. zurückreichende Bürgerhäuser mit meist barocken Fassaden säumen ihn, darunter Mozarts Geburtshaus mit einer schönen Rokokofassade. Mehrere Durchgänge mit zum Teil beachtenswerten Arkadenhöfen führen in die Getreidegasse. Bei einem kleinen Brunnen wird der unterirdisch geführte alte Almkanal sichtbar.

Alte Universität / Studiengebäude (I C6): Noch als Heimstatt für das von Erzbischof Marcus Sitticus gegründete Gymnasium ab 1618 errichtet, beherbergte der Bau nach deren Gründung 1622 die von Benediktinern geführte Universität, die jedoch unter der bayerischen Herrschaft 1810 aufgehoben und durch ein Lyzeum ersetzt wurde. Wiedergegründet wurde die Universität 1962. Ab 1627 erfolgten am Gebäudekomplex Erweiterungen unter dem Architekten Santino Solari. Der Nordtrakt mit der Großen Aula entstand ab 1630, der Südflügel 1652–55. Den Innenhof schmücken Arkaden. Das 1618 geweihte **Sacellum**, die Kapelle der Universität, enthält an der Decke Darstellungen der *Fünfzehn Geheimnisse des Rosenkranzes.* Der Hochaltar von 1766–68 mit einer Marienstatue zwischen den Figuren der Hll. Benedikt (links) und Karl Borromäus (rechts) basiert auf Entwurf und Ausführung durch das Brüderpaar Wolfgang (Architekt) und Johann Baptist Hagenauer (Bildhauer). Formal ist der Altaraufbau in Abhängigkeit von Fischer von Erlachs Gestaltung für die Franziskanerkirche zu sehen. Unter dem kleinen Saal befindet sich ein Kuriosum, eine Sitzgruft für die verstorbenen Professoren der Universität. Auch die **Große Aula** (Aula academica), die 1654 geweiht wurde, geht auf Santino Solari zurück. Sie diente ursprünglich der Marianischen Kongregation des Kollegiums als Saal. Es fanden hier aber auch Gottesdienste der Universität und Theater- und Musikaufführungen statt. Das zu ihr führende Portal aus der Erbauungszeit (1630/31) erhielt um 1700 eine Glorie mit Maria Immaculata, die Johann Bernhard Fischer von Erlach zugeschrieben wird. Eine erste Umgestaltung dürfte Wolfgang Hagenauer um 1780 vorgenommen haben. Ihr heutiges Erscheinungsbild mit geänderter Ausrichtung und neuem Zugang erhielt die Aula 2005–07. Auch hier finden sich Darstellungen der 15 Geheimnisse des Rosenkranzes in den Fensterachsen. Das ehemalige Altarbild von Adrian Bloemart zeigt über Heiligen und der fürbittenden Gottesmutter Christus als zürnenden Weltenrichter.

Wilhelm-Furtwängler-Park (gegenüber den Festspielhäusern, I C6): Nur diese kleine Anlage blieb vom ehemaligen Frauengarten erhalten. Nachdem in dessen Bereich die Universität samt Kirche errichtet worden war, diente der verbleibende Teil bis 1780 als Kollegiumsgarten. Anschließend legte der Salzburger Kaufmann Franz Anton Ranftl bis 1820 hier privat einen botanischen Garten an, der bis 1941 der medizinisch-chirurgischen Lehranstalt unterstand. Nach dem Zweiten Weltkrieg wurde er in einen öffentlichen Park umgewandelt und nach dem Dirigenten Wilhelm Furtwängler benannt. 2006–08 erfolgte eine Neugestaltung. Das Schillerdenkmal wurde von Anton Dominik Fernkorn nach einem Modell von Johann Meixner gegossen. Es war 1866 von Baron von Schwarz für den Park seiner Villa in Schallmoos in Auftrag gegeben worden und stellt das erste Schillerdenkmal auf österreichischem Boden dar. 1941 wurde es hierher versetzt. Anselm Kiefer konzipierte 2002 eine begehbare, etwas unvermittelt hinter der Kollegienkirche positionierte Kunstbox, in der sich das Bild *Wach im Zigeunerlager*, ein Regal mit 60 Büchern aus Blei und die Wandaufschrift »A. E. I. O. U.« (»Alles Erdreich ist Österreich untertan«, Imprese von Kaiser Friedrich III.) befinden. Aus den Büchern scheinen Zweige marokkanischer Dornenbüsche zu wachsen. Auf dem zum Teil mit Natodraht bespannten und in der Sonne getrocknete Tonziegel wiedergebenden Bild auf der gegenüberliegenden Seite befindet sich eine Strophe aus Ingeborg Bachmanns Gedicht *Das Spiel ist aus*: »Wach im Zigeunerlager und wach im Wüstenzelt, es rinnt uns der Sand aus den Haaren, dein und mein Alter und das Alter der Welt misst man nicht nach den Jahren.« Kiefer arbeitet hier mit Assoziationen an Vergangenes und Vergänglichkeit, Flüchtiges und sich Versperrendes mit Bezug zu menschlichem Dasein und Wissen, zu Erkenntnis und Natur (Walk of Modern Art). Die Skulptur *Gurken* des österreichischen Bildhauers Erwin Wurm (2011) besteht aus fünf unterschiedlichen Essiggurken in etwa Menschengröße, thematisiert ironisch Individualität und Banalität des Menschen und stellt gleichzeitig einen traditionellen Skulpturenbegriff in Frage (Walk of Modern Art).

Die weiteren Skulpturen im Park stammen von Fritz Wotruba (*Die Sitzende*, 1944, Kalkstein), Emilio Greco (*Die Liegende*, 1952, Bronze) und Giacomo Manzù (*Tanzschritt*, 1973, Bronze). Der **Fischbrunnen** wird von einem aus Kupferblech getriebenen, ehemals bunt bemalten »Wilden Mann«, einem behaarten Mischwesen mit Keule (1620), mit dem Wappen der Stadt Salzburg in seiner Linken bekrönt. Wilde Männer waren in Salzburg als Wappenhalter üblich. Das Wappen soll auf die Markthoheit der Stadt hinweisen. Ursprünglich stand der Brunnen am alten Fischmarkt am Salzachgries.

Toscaninihof (I C6): Zwischen Felsenreitschule, Mönchsbergstiege und Kollegium Benediktinum befindet sich im Toscaninihof Stephan Balkenhols *Frau im Fels* (2007). Sie ist das Pendant zur Skulptur *Sphaera* auf dem Kapitelplatz (s. S. 57). Im Gegensatz zum Mann ist sie unterlebensgroß wiedergegeben, und sie hält ihre Hände schützend vor den Körper. Ihr Ort ist auch nicht auf der Spitze der Welt, sondern in einer Nische (Walk of Modern Art).

Großes Festspielhaus, Haus für Mozart (ehem. Kleines Festspielhaus, Winterreitschule) und **Felsenreitschule** (Hofstallgasse, I C6): Der Gebäudekomplex bildete ehemals den fürsterzbischöflichen Hofmarstall. Er wurde 1606/07 zusammen mit einer Pferdeschwemme unter Erzbischof Wolf Dietrich als schlichter Nutzbau begonnen. Scamozzis Beteiligung an der Planung wird vermutet. 1662 wurde der Komplex durch eine Winterreitschule ergänzt. 1693/94 ließ Erzbischof Johann Ernst Thun – möglicherweise, aber nicht belegt, durch Johann Bernhard Fischer von Erlach – in einem aufgelassenen Steinbruch des Mönchsberges eine Sommerreitschule (heute Felsenreitschule) erbauen und an der Stirnseite des Marstalls durch Fischer (urkundlich belegt) eine neue Fassade errichten. Nach der Aufhebung des geistlichen Fürstentums in der Säkularisation nutzte man die Gebäude als Kaserne. 1925 wurde nach Umbau einer ehemaligen Reithalle von 1841 durch Eduard Hütter hier die erste Spielstätte der Salzburger Festspiele eröffnet. 1926 folgte ein weiterer Umbau durch Clemens Holzmeister und nochmals 1936 (Altes bzw. später Kleines Festspielhaus). 1924–59 war auch das Haus der Natur im ehemaligen Hofstalltrakt untergebracht. Nach neuerlichen Veränderungen in der Zeit des Nationalsozialismus erfolgte 1956–60 ein weitgehender Neubau des Großen Festspielhauses wieder durch C. Holzmeister zwischen den Fassaden des Hofmarstalls und dem Mönchsberg, in den das Bühnenhaus hineingebaut wurde. 1968/69 erhielt die Sommerreitschule (Felsenreitschule) nach einer Umgestaltung eine Überdachung. 1963 bauten Hans Hofmann und Erich Engels das Alte Festspielhaus zum Kleinen Festspielhaus um, 2004–06 kam es zu einer weiteren Neukonzeption durch François Valentiny und Wilhelm Holzbauer als Haus für Mozart.

Fischer von Erlach versah 1693/94 die ehemalige Hauptfassade an der nördlichen Stirnseite des Hofmarstalls, auf eine der wichtigsten Zufahrtsstraßen zur Stadt hin ausgerichtet, mit einer Kolossalpilasterordnung und einem neuen Portal, das durchaus als »Umsetzung einer Ehrenpforte in die Fassadenfläche« (Hans Aurenhammer) gesehen werden kann. Die Steinmetzarbeiten wurden Andreas Götzinger übertragen. Über eingeschwungenen Postamenten tragen über Eck gestellte Atlantenhermen (Zuschreibungen an Michael Bernhard Mandl und Bartholomäus van Opstal) einen Diadembogen mit ebenfalls in Schwüngen ansetzendem Gebälk. Seitlich der darüber befindlichen Ädikulafensternische mit davorgestellter Vase sind die Personifikationen von Europa und Asien mit Einhörnern (Wolf Weissenkirchner d. J., 1694) postiert. Fischer verwandelt hier in römischer Tradition die üblicherweise flache, zweidimensionale Anlage eines Portals ins Räumliche. Reliefdarstellungen mit Kriegstrophäen, Schlachtenszenen und dem

Ablauf der Pferdedressur rühmen die hier gehaltenen, seinerzeit berühmten Pferde und spielen auf die Türkenkriege der Zeit an. An der Fassade zur Hofstallgasse befindet sich der Spruch: VACRA CAMENAE DOMUS / CONCITIS CARMINE PATET / QUO NOS ATTONITOS / NUMEN AD AURAS FERAT (»Der Muse heiliges Haus steht Kunstbegeisterten offen, als Entflammte empor trage uns göttliche Macht«). Die Mimenmaske im Entrée stammt ebenso von Jakob Adlhart wie die Außenreliefs an der Fassade im Toscaninihof. Die skulpturalen Griffe der sieben Bronzetore der langen Front des Großen Festspielhauses sind Arbeiten von Toni Schneider-Manzell. In der Halle des Hauses für Mozart hat sich ein Wandbrunnen von Andreas Götzinger (1700) erhalten. Im ebenfalls im Haus für Mozart befindlichen Karl-Böhm-Saal, ehem. Stadtsaal, schufen das Deckenfresko mit Darstellungen der Reitkunst mit Türkenstechen Johann Michael Rottmayr und Christoph Lederwasch (1690). Die Wandbilder im Foyer des Hauses für Mozart stammen von Anton Faistauer (Cäcilienwand für die geistliche Musik und Apollowand für die weltliche Musik, 1926). Im Karl-Böhm-Saal gestaltete Max Weiler mit *Wie eine Symphonie* als Wandschmuck eine abstrakte Hommage an Mozart (1990). An der zum Teil heute in Lager verbannten ehemaligen Innendekoration des Gesamtkomplexes mit Skulpturen, Wandgemälden und Gobelins waren u. a. Oskar Kokoschka, Wolfgang Hutter, Anton Kolig, Wander Bertoni, Alfred Hrdlicka und Giselbert Hoke beteiligt.

Hofmarstallschwemme (Siegmundsschwemme, I C6): ◆ Mit der neuen Fassadengestaltung des Hofmarstalls war die Errichtung einer neuen Pferdeschwemme zur Tränke und Reinigung der Pferde verbunden, jedoch auch von hohem repräsentativem Charakter. Erzbischof Johann Ernst Thun war berühmt für seine Pferde. Die ursprünglichen Pläne für die Schwemme werden Johann Bernhard Fischer von Erlach zuge-

Hofmarstallschwemme mit dem Rossebändiger

schrieben. Anfänglich stand die zentrale Rossebändigergruppe, zu der es auch zwei Modelle im Salzburg Museum gibt, auf einem flachen Podest und war auf das Portal ausgerichtet. Die Umrahmung bestand aus Rundbogenarkaden, vermutlich auch damals schon mit Pferdebildern. Anregungen dürften Planungen Berninis für den Quirinalspalast in Rom mit einer Neuaufstellung der antiken Dioskurenstatuen geliefert haben. 1732 kam es unter Erzbischof Leopold Anton Firmian zu einer Umgestaltung durch Franz Anton Danreiter, der die heutige Anlage der Schauwand mit Ausnahme eines durch die später errichtete Neutorstraße fehlenden Wandabschnitts entspricht. Die Rossebändigergruppe, ein Hauptwerk von Michael Bernhard Mandl (signiert und 1695 datiert) und wohl die erste neuzeitliche Gruppe dieses Themas, wurde damals auf einen höheren Sockel gesetzt und zum Platz hin ausgerichtet. Die mit Pferdedarstellungen in verschiedenen Stellungen und unterschiedlicher Rassen freskierte Umrahmung erhielt mit der Wiedergabe des Sturzes von Bellerophon und des Aufstiegs von Pegasus zum Olymp eine akzentuierte Mitte (die Fresken sind moderne Nachbildungen). Inhaltlich spielt die Rossebändigergruppe, in der eindeutig das Pferd dominiert, auf Alexander den Großen und dessen Zähmung des Pferdes Bucephalos an. Alexander wiederum ist ein Sinnbild für den fürstlichen Auftraggeber, also Johann Ernst Thun, Bucephalos für dessen fürstliches Leibross. Ein direkter Bezug ist auch in der Darstellung des großen Satteltuches im Arm des Rossknechts gegeben, das das Wappen des Auftraggebers enthält und auf die Legatenwürde der Salzburger Bischöfe verweist, die u. a. in einem rotbedeckten Pferd zum Ausdruck gebracht wurde. Zugleich ist mit dem Pferd aber auch der Staat gemeint, den der gute Herrscher zu führen und zu bändigen versteht. Die spätere Ergänzung in den Fresken der Schauwand stellt der gerechten Herrschaft noch zusätzlich das Scheitern des Maßlosen gegenüber.

Ehem. Schüttkasten (Herbert-von-Karajan-Platz 11a, I (6): Der hinter der Pferdeschwemme gelegene ehem. Getreide- und Heuspeicher von ca. 1696, von dem nur die Außenwände erhalten sind, beherbergt heute das Kartenbüro und das Archiv der Salzburger Festspiele und ein modernes Kommunikationszentrum. Das Fresko *Orpheus und Eurydike* im Stiegenhaus stammt vom österreichischen Künstler Hubert Schmalix (1995).

Neutor (Siegmundstor, I C6): 1764–68 wurde im Bereich eines alten Steinbruchs durch den Hofbaumeister Elias von Geyer ein Stollen durch den Mönchsberg getrieben, um eine Verbindung zu neuem Siedlungsgebiet in der Riedenburg zu schaffen. Ursprünglich wollte man aus Gründen einer besseren

Stadtverteidigung den Berg sogar zur Gänze zweiteilen. Die Portale wurden ab 1766 von Johann Baptist Hagenauer (Bildhauer) und dessen Bruder Wolfgang (Architekt) errichtet. Die ebenfalls durch die Brüder Hagenauer 1778 als romantisierendes Relikt geplante, dem äußeren Riedenburgtor vorgelagerte Ruinenbastei wurde allerdings nicht mehr verwirklicht. Die aus dem Muttergestein herausgemeißelten Portalbauten sollen die Metamorphose von Natur in Kunst veranschaulichen, zugleich aber an das antike Iuvavum erinnern. Die römische Stadt war nach damaligen, auf alten Überlieferungen basierenden Vorstellungen im Moos jenseits des Mönchsbergs versunken. Das altstadtseitige Neutor (Siegmundstor) wurde dementsprechend als Außenseite des römischen Stadteingangs interpretiert und mit apotropäischen Medusenhäuptern geschmückt. Auch die lateinische Inschrift »Te saxa loquuntur« (»Von Dir reden die Steine«) ist darauf zu beziehen, ebenso aber natürlich auf den Auftraggeber, Erzbischof Siegmund Schrattenbach, dessen Bildnis darunter erscheint. Das Riedenburgtor stadtauswärts wird durch eine Statue des wie ein römischer Imperator erscheinenden hl. Sigismund geschmückt.

♦ **St. Blasius, ehem. Bürgerspitalkirche und Bürgerspital** (I C5): Spätestens 1185 entstand hier auf einem dem steirischen Kloster Admont gehörenden Grund, den Erzbischof Konrad III. dem Kloster geschenkt hatte, eine Kapelle. Geweiht wurde sie dem hl. Blasius, Schutzpatron von Admont und einer der Nothelfer. 1327 erwarb Erzbischof Friedrich III. den Admonter Hof, um hier ein Hospital für die Bürgerschaft einzurichten. Bürger konnten sich hier durch Stiftungen auch eine Altersbleibe erwerben (Pfründner). 1330 wurde die Kapelle durch den heutigen Kirchenbau ersetzt, der dem Typus einer dreischiffigen Hallenkirche mit geradem Chorschluss entspricht und nach Schwäbisch Gmünd als ältestes Beispiel dieses Typs im süddeutschen Raum gilt. 1410–28 wurde eine Empore mit Maßwerkbrüstung eingezogen, die den Pfründnern als Betchor und Kommunstube diente. Durch eine spätere Abtrennung entstand der Gotische Saal, heute vor allem für Konzerte genutzt. Den Altar verlegte man damals als Doppelaltar in die Mitte der Kirche, die nun – über zwei getrennte Eingänge zu erreichen – im Osten den Bürgern und im Westen den Pfründnern und Spitalsinsassen vorbehalten war. Zur Vergrößerung des Spitals legte man in der Mönchsbergwand eine Doppelreihe von Zellen mit Laubengang zum Innenhof an (nach Kriegszerstörungen 1956 teilweise erneuert). Um 1570 wurde das Pfründnerhaus errichtet. 1785 kam es nach der Erhebung zur Stadtpfarrkirche zu einer klassizistisch geprägten, nüchternen Neugestaltung des Kirchenraums unter Entfernung zahlreicher Altäre. Der ebenfalls zum Bürgerspital gehörige Friedhof wurde 1788 aufgelassen. Mitte des 19. Jh.s erfolgte eine Regotisierung der Kirche durch Hugo Schneider. Zahlreiche Schmuckelemente am Außenbau gehen auf diese Zeit zurück. Im Inneren trennt ein 1749 gestiftetes Rokokogitter Vorhalle und Kirchenraum. Der kreuzrippengewölbte Bau in schlichter Formensprache hat einen geraden Chorschluss. Die Glasfenster von Albert Birkle wurden 1947/48 eingebaut und stellen das Wirken des Hl. Geistes, die Verkündigung an Maria, die Darbringung im Tempel und den hl. Blasius dar. In der Vorhalle hat sich der alte, der hl. Elisabeth geweihte Emporenaltar von 1680 erhalten. Der klassizistische Hochaltar von 1785 weist eine weiß gefasste Kreuzigungsgruppe und im Aufsatz die von Engeln verehrte Bundeslade auf. Seine Architektur basiert auf einem Entwurf von Ludwig Grenier und der Ausführung durch Johann Högler. Die Skulpturen sind Arbeiten von Franz de Paula Hitzl. Beachtenswert ist links vom Hochaltar der spätgotische Sakraments- oder Reliquienschrein in Form einer Kirche, der mit den Reliefhalbfiguren von weiblichen Heiligen in den Seitenfeldern geschmückt ist. Zumindest Ende des 18. Jh.s diente er als »Kerker Christi« zur Aufbewahrung der konsekrierten Hostien vom Gründonnerstag bis zur Auferstehungsfeier. Er entstand 1481 und wird dem Meister von Mauterndorf zugeschrieben. Das Altarbild des barocken Dreikönigsaltares mit gewundenen Säulen im südlichen Seitenschiff malte Paul Troger 1749. Die Statuen der Hll. Johannes der Evangelist und Johannes der Täufer schuf Josef Anton Pfaffinger. Die beiden nazarenischen Bilder der Altäre im nördlichen Seitenschiff stellen den Patron, den hl. Blasius (Josef Jaud, 1853) und Maria Immaculata (Franz Hellweger, 1872) dar. Das im Laufe der Zeit mehrfach erweiterte, 1898 aufgelassene Bürgerspital mit seinem schönen Arkadenhof beherbergt heute das Spielzeugmuseum. Über dem Zugang zum Spitalshof zeigt ein Fresko von 1600 den Auferstandenen und die Personifikationen der theologischen Tugenden Glaube, Hoffnung und Liebe.

Das **Gstättentor** (Schleifertor; am Fuß des Mönchsbergs, links von St. Blasius) geht auf eine Umgestaltung unter Erzbischof Marcus Sitticus wohl durch den Hof- und Dombaumeister Santino Solari zurück. Der **Marienbrunnen** auf dem Anton-Neumayr-Platz stammt von Hans Schwäbl, 1692.

Markuskirche (ehem. Ursulinenkirche, I C5): 1695 wurden durch Erzbischof Johann Ernst Thun die Ursulinen zum Einrichten einer Mädchenschule nach Salzburg berufen. Nach einer ersten Unterbringung im Schloss Arenberg wurde ihnen 1698 das ehem. Kloster der Barmherzigen Brüder in der Gstättengasse überlassen. Der Kirchenneubau durch Johann Bernhard Fischer von Erlach erfolgte ab 1699 anstelle der durch den Felssturz von 1669 zerstörten, unter Erzbischof Marcus Sitticus errichteten alten Markuskirche (1616–18). Die Weihe des allerdings nicht vollendeten Neubaus fand 1705 statt, die Fertigstellung des über trapezförmigem Grundriss angelegten Klosters zog sich bis 1726 hin, die Ausstattung der Kirche noch bis in die zweite Hälfte des 18. Jh.s. 1957 übersiedelten die Ursulinen nach Glasenbach, in den Klosterkomplex zog das naturkundliche Museum »Haus der Natur« ein (s. S. 185), die Kirche dient seit 1999 der Ukrainischen griechisch-katholischen Gemeinde als Gotteshaus. Die Positionierung des Baus an einer der Haupteinfahrten in das alte Salzburg stellt ein städtebauliches Meisterwerk dar. Die schmale, in Grautönen gehaltene Fassade mit ionischen Kolossalpilastern, großem Kartuschenfenster und Giebelaufsatz bildet einen flachen, streng wirkenden Portikus. Die beiden seitlichen Türme sind deutlich zurückgesetzt und weisen im Gegensatz zur Geradlinigkeit der Fassade leichte Schwünge auf. Der Statuenschmuck zeigt auf dem Giebel den Kirchenpatron, den Evangelisten Markus, zwischen den für den Orden maßgeblichen Hll. Augustinus (Ordensregel) und Ursula. Die Figuren von Markus und Ursula werden Michael Bernhard Mandl zugeschrieben, jene des Augustinus dessen Werkstatt. Über eine rechteckige Vorhalle betritt man das Innere. Der über einem kreuzförmigen Grundriss mit nur kurzen Querarmen errichtete, im Inneren steil wirkende Bau wird von einer Hängekuppel überwölbt. Die Wandgliederung besteht aus Pilastern mit Kompositkapitellen. Wie bei Fischer oft, stehen sie auf sehr hohen Sockeln. Das innere Abschlussgitter wurde aus der abgetragenen, in der Nähe gelegenen alten Berglkirche (1690) übernommen. Die für eine Kirche Fischer von Erlachs ungewöhnlich reiche Stuckdekoration von Diego Francesco Carlone, Paolo d'Allio und deren Werkstatt geht auf die Erbauungszeit zurück. Die erst später angebrachte Rokokofreskierung in hell leuchtender Farbigkeit stammt von Christoph Anton Mayr (1756), einem unter dem Einfluss von Matthäus Günther stehenden Tiroler Maler. In der Kuppel ist die Glorie der hl. Ursula dargestellt, in den Pendentifs die Kirchenväter Ambrosius, Augustinus, Hieronymus und Gregor. Im Chorgewölbe wird der Name Gottes von den neun Chören der Engel verehrt. Über der Orgelempore ist die hl. Cäcilia mit musizierenden Engeln wiedergegeben. Der Hochaltar, der im Entwurf Diego Francesco Carlone zugeschrieben wird, zeigt den *Hl. Markus unter den Heiden* und im Auszug die Trinität. Die Statuen geben unten Johannes den Täufer (links) und Johannes den Evangelisten (rechts) wieder, oben den hl. Joseph mit dem Jesuskind und die hl. Anna mit Maria. Das Altarblatt des linken Seitenaltars ist dem *Hl. Augustinus* zwischen den Statuen der Heiligen Thomas von Villanova (links) und Nikolaus von Tolentino (rechts) gewidmet. Im Auszug ist die hl. Monika dargestellt, die Mutter des Augustinus. Der rechte Seitenaltar zeigt das *Martyrium der hl. Ursula und der 100 000 Jungfrauen* zwischen den Statuen der hl. Katharina (links) und der hl. Agnes (rechts) und im Auszug ein Schutzengelbild. Alle Bilder malte Johann Martin Schaumberger 1705. Als Entwerfer der Seitenaltäre wird Fischer von Erlach selbst angenommen. Auch die Kanzel wird im Entwurf Fischer von Erlach zugeschrieben. Ihre Ausführung oblag Carlone. In den Reliefmedaillons am Kanzelkorb sind die theologischen Tugenden Glaube, Liebe und Hoffnung wiedergegeben, auf dem Schalldeckel die Personifikation der Ecclesia mit Engeln. Die plastische Gruppe von Christus am Kreuz und Maria als Mater Dolorosa an der gegenüberliegenden Wand – als Ausrichtung für den Prediger üblich – wird Johann Georg Hitzl zugeschrieben. Die beiden Konsolfiguren von Johannes Nepomuk und Dorothea stammen ebenfalls aus dem 18. Jh. Die Ikonostase nach einem Entwurf von Bohdan Turetsky (Lemberg) stammt aus dem Jahr 2000.

Ursulinenplatz: Vor der Kirche befindet sich die nahezu drei Meter hohe Bronzefigur *Mozart – eine Hommage* von Markus Lüpertz (2005). Lüpertz wollte kein Mozartporträt schaffen, sondern setzte dem Torso eines Frauenkörpers den Kopf Mozarts auf, um dessen, aber auch ganz allgemein jede Genialität und die damit oft zusammenhängende Zerrissenheit, Fragilität und Verstümmelung künstlerischer Produktivität zu veranschaulichen und in der ungefälligen Formensprache zugleich die Vermarktung Mozarts in Salzburg zu kritisieren (Walk of Modern Art). Zur Salzach hin errichtete man 1867 nach der Salzachregulierung den klassizistischen **Salzachweibchenbrunnen** mit der Personifikation einer Quelle von einem namentlich nicht bekannten Bildhauer.

Kaiviertel, Nonnberg und Nonntal

Östlich des Mozartplatzes schließt sich im Gebiet der Altstadt das **Kaiviertel** (I E6) an. Dicht an der Straße vor der alten Stadtmauer befinden sich am Rudolfskai die Skulptur *Connection* von Manfred Wakolbinger (2011, Walk of Modern Art) und der **Mozartsteg** (I E6), eine 1903 eröffnete Fußgängerbrücke aus Gusseisen mit Jugendstildekor, die bis 1920 mautpflichtig war. Das Mauthäuschen auf der linken Salzachseite hat sich erhalten. Den Hauptstraßenzug östlich des Domes bildet die Kaigasse, an der einige der alten Kanonikalhöfe aus der Zeit Wolf Dietrichs und der sog. Posthof und Berchtesgadener Hof von Martin Knoll (1930–32, Kaigasse 37–43) liegen. Den **Papagenobrunnen** auf dem gleichnamigen kleinen Platz (I E6) in der Pfeifergasse schuf Hilde Heger 1960/61.

Chiemseehof (I E6): Hier residierten ab etwa 1305 die Bischöfe von Chiemsee, einem der Suffraganbistümer Salzburgs, die hier als Weihbischöfe fungierten und deshalb nicht ihren nominellen Sitz auf der Insel Herrenchiemsee bewohnten. Der heutige Baukomplex, Sitz der Salzburger Landesregierung, ist durch An- und Umbauten v. a. des 17. Jh.s geprägt.

Kajetanerkirche hl. Maximilian und Kloster (I E6): Am ehemaligen Rand der Stadt befand sich seit dem Mittelalter ein dem Stift St. Peter gehörendes Spital mit Kapelle. In dieser Gegend soll sich auch das Raplbad befunden haben, die Wirkstät-

Kajetanerkirche

te von Paracelsus. Erzbischof Wolf Dietrich erwarb 1591 das Areal, um dort ein Priesterseminar zu errichten. Doch erst eine Stiftung des bayerischen Freiherrn Georg von Lerchenfeld für ein von den Theatinern zu leitendes salzburgisches Priesterseminar und die finanzielle Beteiligung des nachfolgenden Erzbischofs Max Gandolph führten zur Umsetzung des Vorhabens. Der 1524 von Cajetan von Thiene und Giampietrino Caraffa gegründete Theatinerorden gehört zu den Reformorden des 16. Jh.s und widmete sich besonders der Ausbildung und Erneuerung des Klerus. 1662 wurden die in Italien verbreiteten Theatiner von der bayerischen Kurfürstin Henriette Adelaide nach München berufen. Von dort aus erfolgte 1685 deren Niederlassung in Salzburg. Als Architekt wurde Giovanni Gaspare Zuccalli (um 1660–1717) beauftragt. Dieser entstammte einer Graubündner Wanderkünstlersippe, die für die Vermittlung barocken Formengutes nördlich der Alpen bedeutsam war. Nach einer ersten Ausbildung bei seinem Vater dürfte Zuccalli unter seinem Onkel Enrico Zuccalli an der Münchner Theatinerkirche mitgearbeitet und dabei wichtige Impulse für sein eigenes Schaffen erhalten haben. Enrico Zuccalli war die Architektur Berninis genauso bekannt wie die gleichzeitigen französischen Tendenzen. Giovanni Gaspare Zuccalli wurde 1689 Hofbaumeister in Salzburg, jedoch 1693 bereits wieder entlassen. Damals wurde Fischer von Erlach nach Salzburg berufen. Werke Zuccallis aus der nachfolgenden Zeit sind nicht bekannt. Die Steinmetzarbeiten übertrug man Andreas Götzinger, die Stuckdekoration Francesco und Carlo Antonio Brenno und Antonio Carabelli. Nach dem Tod von Max Gandolph 1687 kam es zu einer Bauunterbrechung. Die Benediktineruniversität wehrte sich gegen die Übertragung von Lehrbefugnissen an die Theatiner. Der Streit konnte erst 1696 beigelegt werden. Durch den neuen Erzbischof Johann Ernst Thun wurde den Theatinern das Alumnat entzogen. Kloster und

Kirche gingen zwar in deren Besitz über, mussten nun aber auf eigene Kosten fertiggestellt werden. Der Bau wurde deshalb in vereinfachter Form und ohne die ursprünglichen Künstler fortgeführt. Die Weihe zu Ehren der Hll. Kajetan und Maximilian vom Pongau, Namenspatron des Stifters Max Gandolph, fand 1700 statt. 1712–14 wurde im Flügel neben der Kirche eine Hl. Stiege mit Kreuzkapelle errichtet. Die Gesamtausstattung war jedoch erst 1730 abgeschlossen. Eine wesentliche Rolle in der zweiten Bauphase dürfte Matthias Wilhelm Weissenkirchner gespielt haben. Die Theatiner blieben bis zur verfügten Auflösung des Konvents im Jahre 1809 in Salzburg. Anschließend wurde das Klostergebäude in ein Garnisonsspital umgewandelt. 1923 gingen Kirche und Kloster in das Eigentum der Barmherzigen Brüder über, die hier bis heute ein Krankenhaus unterhalten.

An der breiten, palastähnlichen und nahezu eben durchlaufenden **Fassade** wird die eigentliche Kirchenfront von den beiden Flügeln der geschlossenen Klosteranlage gerahmt. Am Mittelrisalit mit dem Kirchenportal wiederholen monolithe Kolossalsäulen in ionischer Ordnung mit einem verkröpften Segmentbogen die Portalumrahmung. Die die Säulen hinterfangenden Pilaster finden sich auch an den dreiachsigen Stirnseiten der Klostertrakte, nun in toskanischer Ordnung. Verbunden werden die einzelnen Bauteile jeweils über ein durchlaufendes zweiachsiges Wandstück, hinter dem sich Kapellenräume befinden. Bei den Fensterbekrönungen im Hauptgeschoss alternieren Dreiecks- und Segmentgiebel. Über dem Gebälk akzentuieren Aufsätze mit Voluten die Klosterfronten und die aufragende Tambourkuppel den Kirchenbau. Von der Fassade haben sich Entwürfe von der Hand Zuccallis in München und Salzburg erhalten, die u.a. mit kleinen Tempietti links und rechts vom Mittelgiebel für eine bessere Überleitung zur Kuppel aufwendiger sind als die Ausführung. Insgesamt weist die eigentlich barocke Fassade wenig Plastizität auf. Sie ist trotz Betonung der Vertikalen durch Kolossalordnung, Giebelaufsätze und Kuppel immer noch von der Horizontalität und Flächigkeit der italienischen Renaissance abhängig. Im **Inneren** besitzt der von einem beachtenswerten Kirchengitter abgeschlossene querovale Bau kurze Kreuzarme, eine hohe Tambourkuppel und eine verlängerte Mittelachse. Für Salzburg stellt das Queroval einen neuen Bautyp dar, der vor allem von Gian Lorenzo Bernini abzuleiten ist (Cappella dei Re Magi im Collego di Propaganda Fide, 1634). Zuccalli gelang hier eine wesentlich stärkere Vereinheitlichung des Raumes als in St. Erhard. Die die Vertikale betonende Gliederung liefern Kolossalpilaster mit Kompositkapitellen unter einem mächtigen Gebälk. Die Diagonalachsen akzentuieren Balkone mit Balustraden und die Beichtstühle. Die Pilaster des Kuppeltambours tragen ionische Kapitelle. Auch die Ausstattung ist Ergebnis der langen Erbauungszeit. Ursprünglich hätte die Kuppel mit acht Historienreliefs in kleinteiligen Feldern stuckiert werden sollen. 1728 wurde sie jedoch von Paul Troger mit einem die ganze Kalotte überziehenden, etwas dunklen und schlecht erhaltenen Fresko bemalt, das die *Glorie des hl. Kajetan* darstellt. Kajetan kniet unter dem Beistand Mariens, der drei göttlichen Tugenden Glaube, Hoffnung und Liebe, von Engeln und Heiligen vor Gottvater und Christus. In der Laterne darüber erscheint die Taube des Hl. Geistes. Vorbild für diese Kuppelgestaltung war neben römischen Beispielen auch Johann Michael Rottmayrs Kuppelfresko in der Dreifaltigkeitskirche von 1697. Troger, der den Auftrag durch Jakob Maximilian Graf Thun kurz nach der Rückkehr von seinem Studienaufenthalt in Italien erhalten und hier sein erstes Meisterwerk geschaffen hatte, lockerte jedoch in zukunftsweisender Form die traditionelle Sphärenteilung des Allerheiligenhimmels durch aufgelöste Wolkenformationen, mehr Bewegung, größere Abstände und zwischen die Sphären platzierte Figuren auf. Auch die zarte Stuckdekoration im Tambour weist die Stilstufe gegen 1730 auf. Er wird Matthias Wilhelm Weissenkirchner zugeschrieben. Dagegen entspricht der schwerere Stuck der Tonnengewölbe in den Querarmen, ausgeführt von Francesco und Carlo Brenno und Antonio Carabelli, der ersten Bauphase. Dessen Reliefszenen zeigen Ereignisse aus dem Leben des hl. Kajetan und verschiedener Theatinerheiliger. Am prachtvollen Hochaltar wird über der Mensa mit Tabernakel und adorierenden Engeln das von einem Baldachin bekrönte Altarbild mit dem *Martyrium des hl. Maximilian* von Paul Troger (1727) von Engeln und Putten präsentiert. Der sehr qualitätvolle Skulpturenschmuck und Stuck stammt von Weissenkirchner in Anlehnung an Bernini. Seitlich im Chor befinden sich Bilder der Apostel Petrus und Paulus in Halbfigur von Jacob Zanusi (um 1735). Die Seitenaltäre entsprechen in ihrem streng architektonischen Aufbau noch dem Zeitstil zu Baubeginn. Der linke ist als Ersatz für die ehemals auf diesem Gelände befindliche Kapelle der St.-Anna-Bruderschaft der hl. Anna geweiht. Das Gemälde von Johann Michael Rottmayr (1708) stellt die hl. Sippe mit Josef, Maria, dem Jesuskind auf dem Schoß der hl. Anna, den Johannesknaben, Elisabeth, Zacharias, Joachim und davor König David dar. Als Aufsatzbild erscheint der hl. Martin von Jacob Zanusi. Die Bilder auf der Mensa zeigen die Hll. Barbara und Katharina. Der rechte Seitenaltar enthält eine von kräftigen Hell-Dunkel-Kontrasten geprägte Darstellung des *Hl. Kajetan als Tröster der Pestkranken* von Troger (1735) und als Aufsatzbild den hl. Rupert (Zanusi, 1736). Die Bilder auf der Mensa zeigen die Apostel Petrus und Paulus. Vier expressive Darstellungen heiliger Büßer von der Hand Trogers aus der gleichen Zeit schmücken die Wandzone zwischen den Beichtstühlen (Mitte des 18. Jh.s) und Balustraden (Manasse, Wilhelm, Maria Magdalena, Maria von Ägypten). Die kleine Orgel auf der Emporc ist auf 1696 datiert. Sie stammt von Christoph Egedacher und ist die älteste Kirchenorgel der Stadt. Die Marienstatue in der Vorhalle ist die Kopie eines Spätwerks von Weissenkirchner (vor 1727, Original im Dommuseum). Auf den Altären der beiden Nebenkapellen werden Ordensheilige der Barmherzigen Brüder verehrt (rechts Altar um 1770, Statue des hl. Johannes von Gott, 20. Jh.), links das sehr malerisch aufgelöste Bild *Jesus erscheint dem hl. Andreas Avellinus* von Zanusi (1712). Zusätzlich befindet sich hier eine Kopie des Gnadenbildes von Genazzano, der Mutter vom Guten Rat. Von hier führen 14 Kreuzwegstationen zur Kreuzkapelle. 1712–14 wurden links vom eigentlichen Kirchengebäude eine Kopie der römischen Scala Santa beim Lateran, die der Legende nach aus dem Statthalterpalast des Pilatus in Jerusalem stammt, und die Kreuzkapelle angefügt. Die Deckenfresken der unteren **Hl.-Stiegen-Kapelle** gehen auf Peter Ehrmüller zurück. Sie zeigen als Hauptbild und sinnbildlichen Hinweis auf die hl. Stiege als Gnadenquelle *Mose schlägt Wasser aus dem Felsen*. In den Nebenbildern beziehen sich Szenen aus dem Alten Testament typologisch auf die Passion Jesu (*Tobias nimmt Abschied*, *Jakob erhält den blutbefleckten Rock Josephs*, *ein Engel bringt Elia ein Brot* und *Abraham opfert Isaak*). Der Schmuck der beiden Altäre zeigt die plastisch ausgeführte Himmelfahrt des hl. Johannes Nepomuk (um 1730) zwischen den Statuen der Hll. Karl Borromäus und Jakobus Minor auf der einen Seite und Papst Pius V. im Gebet vor der Muttergottes vor der Seeschlacht von Lepanto (Zanusi, 1733) in einer Altararchitektur von Josef Anton Pfaffinger auf der anderen. An den Seitenwänden der hl. Stiege, die nur kniend benützt werden darf, werden die Szenen mit Jesus vor König Herodes und vor Pilatus Zanusi zugeschrieben. Auf der Brüstung präsentieren Engelstatuen die Leidenswerkzeuge Jesu. Den Kreuzaltar in der oberen Kreuzkapelle mit den Reliquien des hl. Vereinus schuf der

Stift Nonnberg

Theatinerlaienbruder Johannes Guraus (1750). Das Deckenbild mit der Ehernen Schlange stammt wieder von Zanusi (1712). Um 1730 zu datierende Statuen des Ecce homo und der Mater dolorosa ergänzen die Ausstattung im Vorraum. Der Brunnen auf dem Kajetanerplatz vor der Kirche ist eine Arbeit von Trude Diener (1957).

♦ **Stift Nonnberg** (I E7; Aufgang von der Kaigasse oder vom Nonntal): Auch das Damenstift Nonnberg geht auf eine Gründung des hl. Rupert um 711/715 zurück und gilt als ältestes ununterbrochen bestehendes Frauenkloster nördlich der Alpen. Ruperts Verwandte Erentrudis wurde die erste Äbtissin. Zur Römerzeit befand sich hier auf dem Gebiet des Klosters ein Wachturm, später ein Kastell (*castrum superius*), dessen Burgkapelle dem hl. Martin geweiht war. Vielleicht diente sie anfänglich auch noch den Nonnen als Kirche. Diese 1032 erneuerte und damals dem hl. Ulrich geweihte Kapelle wurde unter Erzbischof Paris Lodron abgebrochen, als er die Stadt durch Befestigungsanlagen im Zuge des Dreißigjährigen Kriegs schützte. Landschenkungen der bayerischen Agilolfinger Herzöge im Gebiet des heutigen Nonntals sicherten dem Stift die wirtschaftliche Existenz. Wohl über dem Grab der hl. Erentrudis dürfte die erste Stiftskirche errichtet worden sein. Zu Beginn des 11. Jh.s wurde ein Neubau gestiftet, der Überlieferung nach mit Unterstützung von Kaiser Heinrich II. und Kaiserin Kunigunde. Diese Kirche wurde 1009 zu Ehren Mariä Himmelfahrt geweiht. Die bedeutenden Wandmalereien und Teile des Portals stammen noch von diesem Bau. 1242 wurden die Äbtissinnen von Nonnberg den Äbten von St. Peter gleichgestellt. Sie erhielten so einen einem Bischof vergleichbaren Rang. Zu ihren Amtszeichen gehörten nun der Krummstab, ein Kreuz, eine Krone und der berühmte Faltstuhl. 1423 zerstörte ein Brand die romanische Kirche. So kam es unter der Äbtissin Agatha von Haunsperg 1463–1506/07 zur Errichtung der heutigen spätgotischen Kirche. Chor und Krypta wurden unter dem Meister Sigmund Maurer 1463 begonnen und 1475 geweiht. Das 1499 geweihte Langhaus wurde um 1485 in Angriff genommen und bis 1506/07 fertiggestellt. Die Baumeister waren Meister Hans, Wolfgang Wiesinger und Leonhard Märl. Die St.-Johanns-Kapelle über der Toranlage war bereits 1448 erbaut worden. Ab 1624 erfolgte der Anbau von Kapellen als Begräbnisstätten für die Nonnen. Ein neuer Hochaltar von Hans Waldburger (1628/29) wurde aufgestellt. Mitte des 18. Jh.s wurden gotische Verzierungen und Gewölberippen entfernt, 1853 kam es zur Regotisierung. Der heutige Hochaltar, ein spätgotischer Flügelaltar aus der Filialkirche Scheffau, ersetzte den barocken Altar. Das spätgotische **Südportal** der Kirche (1497–99) weist in der Laibung vier Statuen unter Baldachinen auf, die Kaiser Heinrich II., die Gottesmutter Maria, den hl. Rupert und die hl. Erentrudis darstellen (Kopien, die Originale befinden sich im Stift). Türsturz und Tympanon stammen noch vom alten romanischen Portal. Sie sind um 1200 zu datieren und von einem Salzburger Meister gefertigt worden. Im Tympanon ist die thronende Muttergottes mit dem segnenden Jesus auf ihrem Schoß dargestellt. Der Apfel in ihrer Rechten weist sie als neue Eva aus. Links von Maria sind ein Engel und eine kniende Nonne, wohl die Stifterin, und rechts ein männlicher Heiliger mit Buch und eine weitere Nonne, die mit der hl. Erentrudis identifiziert wird, zu sehen. Auch der Steinfarbenwechsel im Gewände ist eine Reminiszenz an die Gestaltungsweise der Romanik im Salzburgischen. In Anlehnung an den Vorgängerbau, vielleicht aber auch unter dem Einfluss der durch Rückgriffe auf alte Traditionen bestimmten Melker Reform wurde der spätgotische Neubau mit drei Chorapsiden und in basilikaler Form hochgezogen, obwohl in dieser Zeit sonst Hallenkirchen bevorzugt waren. Teile des romanischen Westchors und des Westturms wurden in den Neubau integriert. Die beachtenswerte Krypta mit schönem Netzgewölbe und Glasfenstern von 1882 bewahrt das Felsengrab der Klostergründerin, der hl. Erentrudis. Im **Inneren** trennt ein weit herabgezogener Triumphbogen den Chor vom Langschiff. Die Seitenchöre und das Langhaus erhielten Emporen, die dem Raum eine horizontale Betonung verleihen. Beachtenswert sind die schönen Kapitelle der Pfeiler. Das von mehreren Meistern errichtete Gewölbe weist sehr unterschiedliche Stern- und Netzformen auf. Im nördlichen Seitenschiff wurde auf romanischen Säulen ein Oratorium eingezogen. Der Nonnenchor im Westen ist über zwei hallenförmig gebildeten Jochen des Mittelschiffs errichtet. Zum Kirchenschiff hin schließen ihn vier Kielbogenarkaden mit einem reich verzierten Blendbogen in deren Mitte ab. Unter der Nonnenempore haben sich in Nischen (sog. Paradeis) aus der Mitte des

12. Jh.s stammende Brustbilder von Heiligen erhalten. Die Kalkseccomalereien sind vermutlich unter Erzbischof Konrad I. entstanden und weisen byzantinische Einflüsse auf. Dargestellt sind die Hll. Augustinus, Benedikt, Rupert (oder Wolfgang), Gregor, Stephanus und Florian. Die Marmorkanzel mit dem Wappen der Äbtissin Agatha von Haunsperg stammt von 1475, ihr gegenüber befindet sich am Triumphbogenpfeiler eine Statue der hl. Erentrudis (15. Jh.). Der Flügelaltar aus Scheffau von etwa 1515 wird dem Meister von Hallstatt zugeschrieben und bewahrt zwischen den Hll. Rupert und Virgil eine Madonna mit Kind von etwa 1460. Die Reliefs der Flügel zeigen innen Passionsszenen und außen Ereignisse des Marienlebens. Bedeutend ist das Mittelfenster der Apsis mit Szenen des Marienlebens, eine Stiftung des Bürgermeisters Augustin Clanner (Klaner), der Peter Hemmel von Andlau in Straßburg damit beauftragte (1473–80). Dieser bedeutende spätgotische Glasmaler war ein Zeitgenosse Martin Schongauers, von dem er auch Motive übernahm. Die beiden seitlichen Fenster mit Szenen aus dem Leben Jesu Christi (links) und aus dem Marienleben (rechts) sind später entstanden. In der linken Nebenapsis bewahrt der Altar eine Pietà von etwa 1420. Das Glasfenster ist dem hl. Kaiser Heinrich gewidmet. In der rechten Nebenapsis stammt der Flügelaltar mit der hl. Katharina von einem Meister Wenzel (1522). Das Fenster mit der hl. Kunigunde bildet das Gegenstück zum Heinrichsfenster. Der Altar der Kreuzkapelle (erste Kapelle vom Chor beginnend) befand sich früher vor den Stufen zum Chor. Die seitlichen Heiligen stellen Mechthildis und Meinrad dar. Das Altarbild mit dem hl. Joseph zwischen Statuen zweier heiliger Frauen in der nachfolgenden Josephskapelle ist 1746 datiert. Die Kapelle nächst dem Eingang ist dem hl. Benedikt mit der Darstellung seines Todes und des Todes der hl. Scholastika zwischen Statuen von Placidus und Maurus gewidmet. Der Maler des Altarblattes ist Piet-

ro Antonio Lorenzoni (1729). Das gegenüber befindliche Gemälde mit den Sieben Zufluchten von Peter Paul Perwanger ist 1741 datiert. Die Langschiffwände bewahren Grabsteine von Äbtissinnen, die bis ins 13. Jh. zurückreichen. Über die Klosterpforte ist der Aufgang zur **Johanneskapelle** zu erreichen, der ehemaligen Totenkapelle. Der hier aufgestellte Flügelaltar mit der Anbetung der Hirten war eine Schenkung von Erzbischof Wolf Dietrich. Er stammt aus dem alten Dom, ist 1498 datiert und wird einem namentlich nicht bekannten Schüler von Veit Stoss zugeschrieben. Die Fassung stammt jedoch größtenteils von 1601. Die Reliefs der Flügel zeigen links oben die Verkündigung an Maria, darunter die Anbetung der Hl. Drei Könige, rechts oben den Marientod und darunter *Noli me tangere* (der Auferstandene begegnet Maria Magdalena). Die gemalten Außenseiten der Flügel stellen den Schmerzensmann, Maria und die Hll. Katharina und Barbara dar. Das Astkreuz an der Westwand entstammt dem 14. Jh. Das Kloster bewahrt darüber hinaus einen reichen Kunstschatz, darunter den berühmten Faltstuhl (nach 1100), ein Elfenbeinpastorale von 1242, bedeutende Handschriften und zahlreiche, vor allem gotische Bildwerke (nicht zugänglich).

St. Erhard (I E7): Zu Füßen von Stift Nonnberg liegt die Vorstadt Nonntal mit der St.-Erhard-Kirche. In Nonntal lassen sich keltische Siedlungsspuren nachweisen. Funde deuten darauf hin, dass sich hier wohl auch die erste römische Niederlassung befunden hat. Im Mittelalter lagen hier die Ökonomiebetriebe des Stiftes Nonnberg und Ansiedlungen von dessen Dienstleuten. 1310 wurde unterhalb des Klosters durch die Äbtissin Margarethe von Gebing ein Frauensiechenhaus gegründet. An der Stelle der heutigen Kirche errichtete man spätestens damals in Verbindung mit dem Spital eine gotische Kapelle. Dieser kleine Kirchenraum wurde dem hl. Erhard geweiht, einem Wanderbischof des 7. Jh.s, der zuletzt in Regensburg Bischof war und dort auch seine letzte Ruhestätte fand. Im Elsass taufte er um 690 die blindgeborene hl. Odilie (Ottilia), die Tochter des Herzogs, die dabei durch ein Wunder sehend wurde. Die später Heiliggesprochene gründete Kloster Odilienberg. Der hl. Erhard wurde durch dieses Wunder zum Schutzpatron der Kranken. Erzbischof Wolf Dietrich erwarb 1603 das Siechenhaus und die Kapelle vom Stift Nonnberg und übergab sie dem Domkapitel. Es diente nun als Ersatz für das alte Kapitelspital in der Kaigasse, das den Plänen Wolf Dietrichs für seine Fürstenstadt zum Opfer gefallen war. Nach Umbauten des Frauensiechenhauses wurde auf der anderen Seite der Kirche auch ein Spital für Männer errichtet. Die alte, Ende des 15. Jh.s erneuerte Kapelle musste einem Kirchenneubau weichen, für den 1685 der Grundstein gelegt wurde. Als Architekten berief das Domkapitel Giovanni Gaspare Zuccalli, der von München nach Salzburg geholt worden war, um die Kajetanerkirche samt Kloster zu errichten. So arbeitete er gleichzeitig an zwei Kirchen. 1686 war der Rohbau errichtet, 1689 wurde St. Erhard von Erzbischof Johann Ernst Thun geweiht. Die Vollendung des Baus zog sich jedoch noch bis ins 18. Jh. hin. Erst 1711/12 wurden die Turmhelme durch Sebastian Stumpfegger fertiggestellt. Auf dem Platz vor der Kirche entstand 1727 ein Friedhof, der 1903 ebenso wie das Spital (bereits 1898) aufgelassen wurde. Seit 1853 ist St. Erhard eine eigenständige Pfarrkirche für die Vorstadt Nonntal. Eingebunden in die damals bereits bestehenden ehemaligen Spitalsgebäude, erhebt sich die breitgelagerte Doppelturmfassade der Kirche, die von einer hohen Tambourkuppel mit Laterne überragt wird. Wegen der häufigen Hochwassergefahr wurde der Bau über einem großen Gewölbe errichtet. Dem hochgelegenen Eingang sind eine Doppeltreppe mit seitlichem Lauf und ein Tempelportikus mit unterschiedlich hohen ionischen Säulen aus Untersberger Marmor vorgelagert. Der Marmorbrunnen im Sockel, der sog.

Erhardi-Brunnen, dessen Wasser man Heilkraft nachsagte, stammte ursprünglich vom Bildhauer Andreas Götzinger (1688). Die Türme sind durch Kolossalpilaster, gesprengte Dreiecksgiebel, oktogonale Aufsätze und Zwiebelhauben gegliedert. Die Balustraden in deren Fenstern wiederholen ein Motiv vom Kuppeltambour. Die Hauptbetonung liegt auf den vertikalen Elementen. Insgesamt wirkt die Fassade wenig organisch und in ihren einzelnen Teilen etwas additiv zusammengefügt, leistete aber mit der Hervorhebung der Kuppel in der Fassadenwirkung für Salzburg Zukunftweisendes. Die Verwendung des in Salzburg sonst nicht vorkommenden Tempelmotivs dürfte auf venezianische Einflüsse zurückzuführen sein, ebenso ist die Breitenwirkung der Fassade oberitalienisch beeinflusst. Die Kirche selbst ist ein gelängter Zentralbau in Form einer Dreikonchenanlage, die die Chorausbildung des Salzburger Domes reflektiert, aber auch – wohl über Vermittlung Enrico Zuccallis – auf italienischen Anregungen (z. B. San Tomaso di Villanova in Castelgandolfo von Gian Lorenzo Bernini) basiert. Der Bau wirkt massig, streng und in den Proportionen steil. Pfeiler mit kräftigem Gebälk tragen die von den Apsidenhalbkuppeln umgebene Tambourkuppel. Die Höhe des Tambours und der Kuppelradius weisen mit ihrem Verhältnis von 1 : 1 noch Renaissanceproportionen auf.

Der Innenraum ist durch farbkräftige Marmorpilaster mit Kompositkapitellen gegliedert und überreich mit schwerem, zum Teil vor der Modellierung durchgefärbtem Stuck von der Hand Carlo Antonio und Francesco Brennos, Wanderkünstlern aus dem Tessin, ausgestattet. Die Reliefs in den Pendentifzwickeln stellen die vier Salzburger Hll. Rupert, Vitalis, Virgil und Martin dar. In den Kartuschen darunter erscheinen Symbole der vier Kardinaltugenden Prudentia, Fortitudo, Temperantia und Iustitia. Die Medaillons in der Kuppel und die Reliefs im Chor zeigen Szenen aus dem Leben des hl. Erhard. Als

Vorlage dafür dienten verschollene Pergamentblätter des Malers Jakob Heibl, die auf Darstellungen im Niedermünster zu Regensburg, der Begräbnisstätte des Heiligen, basieren. Der Hauptaltar von Andreas Götzinger, eine Stiftung von Johann Ernst Thun aus dem Jahr 1692, birgt zwischen gewundenen Säulen als Altarbild die Darstellung der *Taufe von Odilia durch den hl. Erhard* von Johann Michael Rottmayr. Im Auszug erscheint in Stuck die Hl. Dreifaltigkeit. Der Tabernakel stammt aus der Mitte des 18. Jh.s. Der linke Seitenaltar ist dem Pestheiligen Karl Borromäus geweiht, der auch im Altarauszug als Stuckfigur und in den Reliefs des Gewölbes erscheint. Das Altarbild *Hl. Karl Borromäus bei den Pestkranken Mailands* wird Frans de Neve zugeschrieben. Der rechte Seitenaltar ist dem hl. Franz Xaver geweiht, dessen Leben auch in den Stuckreliefs der Konche geschildert wird. Auf dem wieder Frans de Neve zugeschriebenen Altarbild predigt Franz Xaver den Heiden. Der Rokokotabernakel auf diesem Altar ist eine Augsburger Arbeit von 1749. Die beiden Konchenaltäre wurden ebenso wie das schmiedeeiserne Abschlussgitter von Matthias Spögl und Philipp Kirchbichler von Domherren und dem Domkapitel gestiftet. Die Holzkanzel stammt von 1724. Die beiden Weihwasserbecken sind Arbeiten von Andreas Götzinger (1688). Die Barockorgel auf der Empore ist ein Werk Christoph Egedachers. Insgesamt ist die Erhardkirche mit ihren Anregungen vom römischen Frühbarock und klassischen Renaissanceelementen ein typisches Beispiel des noch italienisch geprägten Frühbarock nördlich der Alpen und in der Dekoration zugleich eines für den Stuckbarock.

In der Alpenstraße befindet sich das 1885 für den Salzburger Kunstverein mit Ausstellungsmöglichkeiten und Ateliers errichtete **Künstlerhaus** (nahe Nonntaler Brücke, I F6), das nach dem Ersten Weltkrieg mit der Künstlergruppe »Der Wassermann. Neue Vereinigung bildender Künstler« und den von ihr organisierten Ausstellungen zur Entwicklung der österreichischen Moderne beitrug. Das im Verhältnis zur Umgebung überdimensionierte Bauvolumen des **Unipark Nonntal** (I F7) von 2008–11 (Volksmund: akademische Legehennenbatterie) stammt vom Architekturbüro Storch, Ehlers & Partner. Der **Petersbrunnhof** (Petersbrunnstraße, I E7) von Wolfgang Hagenauer wurde 1794 als Wirtschaftshof des Stiftes St. Peter anstelle des abgetragenen Lustschlosses Petersbrunn errichtet. Der klassizistische Nutzbau wird heute für kulturelle Veranstaltungen genutzt.

Festungsberg und Mönchsberg

♦ **Festung Hohensalzburg** (I D/E7): Der Festungsberg war im Gegensatz zu den Flussniederungen trotz Wegzugs vieler Römer unter Odoaker von der Antike bis ins frühe Mittelalter kontinuierlich besiedelt. Im Lauf des 7. Jh.s wurde er zu einem Stützpunkt der bayerischen Agilolfinger. Die bedeutende, zu den größten und besterhaltenen Burgen Europas gehörende Festung Hohensalzburg – das Wahrzeichen der Stadt – geht auf Erzbischof Gebhard zurück, der 1077 hier einen Wohnturm, eine Kirche und eine Wehranlage errichten ließ. Vor allem unter Erzbischof Konrad I. in der ersten Hälfte des 12. Jh.s und in den nachfolgenden Jahrhunderten wurde die Anlage über den gesamten Berg erweitert, die Ringmauern verstärkt, Türme und der »Hohe Stock« als Wohnbau angefügt. Auch ein Festsaal und eine Kapelle wurden errichtet. Unter Erzbischof Leonhard von Keutschach wurde die Festung um 1500 zur repräsentativen Fürstenresidenz ausgebaut und ihre Befestigungen verstärkt. Sie diente nun auch der bischöflichen Machtdemonstration gegenüber den Stadtbürgern, deren ihnen vor allem von Kaiser Friedrich III. verliehene Privilegien gegenüber dem Landesherrn er einschränken wollte. Damals erhielt die

Festung Hohensalzburg, Burghof mit Georgskapelle

Festung im Großen und Ganzen ihre bis heute bestehende Gestalt. Bereits 1525 wurde Erzbischof Matthäus Lang von Wellenburg hier – freilich erfolglos – von Aufständischen belagert. 1612–17 wurde Erzbischof Wolf Dietrich, an dessen Zeit die wiederentdeckten Freskenreste im Geyerturm erinnern, in der Festung gefangen gehalten. Letzte Ausbauarbeiten erfolgten unter Erzbischof Paris Lodron im Zuge seiner Stadtbefestigung und unter Erzbischof Max Gandolph die Kuenburgbastei (1681). Nach der Säkularisation des Erzstiftes diente die Festung als Artilleriekaserne. 1851 wurden zumindest die heruntergekommenen Fürstenzimmer restauriert. Ab 1891/92 erleichterte eine wasserbetriebene Drahtseilbahn den touristischen Besuch der Festung, der längst eingesetzt hatte. Mit dieser (erneuert) oder zu Fuß über den Hohen Weg, mehrere Sperrbogen passierend, erreicht man die Burg.

Im **Burghof** befindet sich eine Zisterne von 1539, die einem italienischen Meister zugeschrieben wird und als das erste Beispiel der Renaissance in Salzburg gilt. Im Laufe der Zeit wurden hier unterschiedlichsten Funktionen dienende Gebäude errichtet, wie der Schüttkasten, das Büchsenmacherstöckl, das Zeughaus, das Kaplanstöckl, das Schulhaus oder der Kuchlturm. Die **St.-Georgs-Kirche** im Norden des Burghofes wurde 1500–02 durch Leonhard von Keutschach errichtet. Ein kleiner Dachreiter mit zwei Glocken, 1638 von Jakob Lidl gegossen, ziert das spätgotische Bauwerk. Um 1644 wurde die Kirche durch ein mit der Burg verbundenes Obergeschoss erhöht. In einer Nische an der Südwand befindet sich das Denkmal von Leonhard von Keutschach (1515). Wie auf einem Tumbendeckel erscheint er stehend mit Segensgestus und Bischofsstab unter einem Baldachin. Über dem Baldachin sind Darstellungen der Propheten Jesaja und Ezechiel und die Verkündigung an Maria wiedergegeben. Die kleinen seitlichen Figuren neben dem Bischof stellen die Hll. Rupert und Virgil dar. Zu Füßen des Bischofs befinden sich das Wappen des Erzstiftes und sein eigenes. Die Inschrift über der Bischofsstatue lautet: »Hie gibt Erzbischove Leonhart von Keutschach den segen über des stiffts Salczburg landt.« Seitlich präsentieren zwei vollplastische Diakonstatuen Legatenkreuz und -hut und ein Messbuch. Das Denkmal, das zu den bedeutendsten Bildhauerwerken Österreichs in der Spätgotik zählt, wird Hans Valkenauer zugeschrieben. Ob das Denkmal für diese Stelle konzipiert wurde, ist allerdings fraglich. An der Kirchenwand darüber befindet sich eine Kreuzigungsgruppe in Relief von Hans Valkenauer, wieder mit den Wappen Salzburgs und von Leonhard von Keutschach. Vor dem Kreuzesstamm kniet Leonhard betend. Die Inschrift weist auf die Erbauung der Kirche im Jahr 1502. Über dem Eingang der Kirche zeigt ein Marmorrelief den hl. Christophorus (1502). Im Inneren besticht das schöne spätgotische

Netz- und Schlingrippengewölbe. An den Wänden sind 13 überlebensgroße spätgotische Relieftafeln von Jesus und den zwölf Aposteln aus Adneter Marmor nach Kupferstichen von Martin Schongauer angebracht (um 1500). In deren Sockel erscheint fortlaufend das Apostolische Glaubensbekenntnis. Der Hochaltar nach einem Entwurf von Wolfgang Hagenauer enthält ein Altarbild mit dem hl. Georg als Drachentöter von Frans de Neve (1672). Die seitlichen Statuen über den Opfergangsportalen stellen die Salzburger Hll. Rupert und Virgil dar. Auch die Altarblätter der Seitenaltäre stammen von Frans de Neve, links Mariä Verkündigung und rechts die Hll. Sebastian und Florian. Rechts vom Hochaltar ist ein kleines gotisches Sakramentshaus erhalten geblieben. Auf der Empore ist das Doppelwappen Keutschach-Dietrichstein angebracht. Einen Teil der Burg kann man im Rahmen einer Audio-Guide-Führung besichtigen (Innenräume, Folterkammer, Aussichtsturm, Salzburger Stier – ein Hornwerk im Erker des »Krautturms«, das als die einzige erhaltene gotische Orgel Österreichs gilt, um 1500). Im inneren Burgbereich, der seinerzeit nochmals durch einen Graben abgesichert war, ist auch der sog. **Hohe Stock** zu besichtigen. Über den ehem. Wohnräumen des Erzbischofs im zweiten Geschoss mit der Leonhardskapelle (1498, mit Resten von Seccomalerei) und den Exponaten des Festungsmuseums (u. a. Modelle, Möbel, Hausgerät, Musikinstrumente, Waffen, eine romanische Rundbogenarkade, aber auch die Vorzeichnung für das Sattler-Panorama im Panorama Museum) wurden ab 1498 im dritten Geschoss die sog. Fürstenzimmer für Festveranstaltungen und Gäste eingerichtet. Dazu gehören ein Festsaal, eine Stube, eine kleine Bibliothek (Studiolo?) und eine Schlafkammer. Die Ausstattung entstand 1501–04 und stellt ein herausragendes Beispiel für profane Innenraumgestaltungen der Zeit um 1500 dar. Der Goldene Saal besitzt schöne Marmorportale, gewendelte Marmorsäulen und eine prachtvolle sternenübersäte Kassettendecke. Den Höhepunkt bildet der anschließende Raum, die getäfelte Goldene Stube, ebenfalls mit einer blauen, sternenübersäten Kassettendecke, mit Kielbogenportalen, maßwerkverzierten Türflügeln und einem mit biblischen Szenen und Heiligenfiguren reich geschmückten, bunt glasierten Kachelofen von 1501. Auch in den weiteren Räumen findet sich reiche Maßwerkschnitzerei. Anschließend an die eigentlichen Prunkräume folgt heute das Rainer-Regimentsmuseum. Im Bereich der Festung befinden sich auch noch ein Marionettenmuseum, das Exponate aus der Sammlung des Salzburger Marionettentheaters zeigt, und eine Galerie für zeitgenössische Kunst.

Mönchsberg (I C/D7): Der Mönchsberg ist geprägt durch eine Reihe erhaltener Wehranlagen, darunter die bekannten Aussichtspunkte Richterhöhe, Karolinenhöhe, Ludwigsfernsicht und Humboldtterrasse. Hier haben sich aber auch – oft von Künstlern bewohnte – Häuser und kleine Schlösschen erhalten, wie der Freyturm (Nr. 15, Wohnhaus), das Kupelwieser-Schlössl mit dem Konstantinsturm (Nr. 17, Wohnhaus), die Grasmayr-Villa (Nr. 18, Wohnhaus), das Marketenderschlössl (Nr. 21, Studienzentrum, ein 1589 unter Erzbischof Wolf Dietrich umgebauter typisch salzburgischer Landsitz der Spätgotik), das Johannesschlössl (Nr. 24, Gästehaus der Pallottiner, ebenfalls unter Wolf Dietrich umgebaut) und Schloss Mönchstein (ehem. Leitner-Villa, Nr. 26, Hotel). Der bedeutendste Bau ist die 1694–96 unter Abt Edmund Sinnhub von St. Peter errichtete **Edmundsburg** (Nr. 2; I C6), in der sich das Salzburg Centre for European Union Studies, eine universitäre Forschungseinrichtung, und das Stefan Zweig Centre Salzburg, dem auch eine Ausstellung über Leben und Werk des österreichischen Dichters angeschlossen ist, befinden. Ebenfalls auf dem Mönchsberg steht nach dem Wettbewerb von 1998 seit 2004 der minimalistische Kubus des **Museums der Moderne**

(I C5), erbaut von der Münchner Architektengemeinschaft Friedrich Hoff Zwink anstelle des früheren Café Winkler und zugänglich über den ins Berginnere verlegten Mönchsberglift. Der Bau mit seiner streng-kühlen Ästhetik, der im Inneren aus einer über vier Ebenen spiralförmig aufsteigenden Raumfolge aus schlichten und großzügigen Sälen entwickelt ist und sich gut für Ausstellungen eignet, stellt durch das Weiß der Fassade und die strenge Kastenform jedoch einen sehr harten Bruch zur Umgebung dar, was besonders auffällt, wenn man von der Stadt aus darauf blickt. Die Gestaltung des Restaurants lag in den Händen von Matteo Thun. In der Nähe des Museums und des zugehörigen alten Wasserturms mit Aussichtsplattform (1892) hat der italienische Künstler Mario Merz, ein Vertreter der Arte povera, 2003 seinen letzten Iglu errichtet. Das etwa 7 m hohe Gebilde *Ziffern im Wald* besteht aus 12 igluförmig gebogenen Stahlrohren mit 21 Neonzahlen, die der Fibonacci-Reihe entsprechen und nachts leuchten. Merz stellt hier Ratio und Natur, Form und Unbestimmtheit und Transparenz und Manifestation eines Ortes einander gegenüber (Walk of Modern Art). *Sky-Space* des amerikanischen Licht- und Land-Art-Künstlers James Turrell (2006) ist ein begehbarer, oben offener und elliptisch geformter Zylinder aus Nagelfluh (Gestein des Mönchsbergs) mit Sitzbänken und einer Lichtinstallation im Inneren. Turrell thematisiert hier Licht und menschliche Wahrnehmung (Walk of Modern Art). Auf dem sog. Krauthügel südlich des Mönchsbergs, im Besitz des Stiftes St. Peter, präsentieren seit 2014 von Mai bis September im vorerst auf fünf Jahre angelegten Kunstprojekt Krauthügel der Salzburg Foundation internationale Künstler Skulpturen.

Die Altstadt rechts der Salzach, Kapuzinerberg und Neustadt

Staatsbrücke (I D5): Die Staatsbrücke wurde 1941–45 mit Hilfe von Kriegsgefangenen und Zwangsarbeitern errichtet. Im Gedenken daran installierte 2011 Brigitte Kowanz auf den Sockeln der vier Brückenköpfe ihre Skulptur *Beyond Recall* aus verspiegelten Glaskästen mit Neonschriftzügen (Walk of Modern Art). Auf der Neustadtseite fordern die 9 Stühle von *Spirit of Mozart* von Marina Abramović (2004) als interaktive Skulptur zum Ruhen auf. Der 15 m hohe Stuhl ohne Sitzfläche ist nach den Aussagen der Künstlerin für den Geist Mozarts gedacht (Walk of Modern Art).

Platzl (I D5): Der bis ins Mittelalter zurückreichende rechtsseitige Teil der Stadt entwickelte sich um die Brückenkopfsiedlung und die beiden seit der Römerzeit wichtigen Verkehrswege der Linzergasse nach Norden und der pittoresken Steingasse am Fuß des Kapuzinerberges. Ihrer Kreuzung entspricht das heutige Platzl. Ab etwa 1280 umfing eine Mauer mit dem Inneren Steintor das Gebiet. Im 14. und 15. Jh. vergrößerte sich das verbaute Areal, das nun vom Linzer Tor und vom Äußeren Steintor (beide im 19. Jh. abgetragen) abgeschlossen wurde.

Der Engelwirtbrunnen von 1696, der ursprünglich vor der alten St.-Andrä-Kirche in der Nähe des Platzls stand, befindet sich heute am östlichen Ende der Steingasse. Dort beginnt auch die Arenbergstraße mit Schloss Arenberg (Nr. 8/10, vormals Schloss Bürgelstein mit seinem in der ersten Hälfte des 19. Jh.s berühmten Landschaftspark) und Schloss Elsenheim (Nr. 37).

St. Johann am Imberg (I D5): Unter einem Schwibbogen in der Steingasse führt eine steile Treppe zum Kapuzinerkloster. Auf halber Höhe liegt die kleine Kirche St. Johann, die Johannes dem Täufer und Johannes dem Evangelisten geweiht ist und deren Ursprung bis ins 12. Jh. zurückreichen dürfte. Zur Kirche gehörte auch ein Benefiziatenhaus. Beides überließ Erzbischof Wolf Dietrich 1594 den Kapuzinern als erste Bleibe bis zur Fertigstellung des Klosters. 1681 wurde die Kirche unter Erzbischof Max Gandolph vergrößert und barockisiert, woran die Inschrift des Marmorportals erinnert. Der einschiffige, durch barocke Kapellen erweiterte Bau mit Stichkappentonne wurde damals auch mit einem Dachreiter versehen und erhielt drei neue Marmoraltäre mit Skulpturenschmuck von Johann Georg Hitzl (1774). Den Hochaltar (um 1775) schmückt eine ältere Darstellung der *Taufe Jesu* (1681), im Aufsatz erscheint Johannes der Evangelist (um 1780). Die seitlichen Konsolfiguren stellen die Hll. Florian und Rosalia dar, die Aufsatzfiguren Antonius und Johannes Nepomuk. Die Seitenaltäre des 18. Jh.s enthalten Altarblätter von Franz Nikolaus Streicher (1774), links die *Kreuzigung* zwischen den Hll. Franziskus und Helena, rechts den *Tod des hl. Josef* (Patron der Bruderschaft) zwischen den Statuen der beiden Kirchenpatrone. Den Freskenschmuck mit einer Scheinkuppel schuf Andrä Langwieder (1772). In der gemalten Kuppel präsentieren Engel das Haupt von Johannes dem Täufer in Grisaillemalerei. Die Kanzel entstand ebenfalls um 1770. Ab 1756 wurde die Kirche Versammlungsort der »Heidukenbruderschaft« der Hofgardisten und der »Bruderschaft vom guten Tod«.

Kapuzinerkiche und -kloster (I D5): 1594 berief Erzbischof Wolf Dietrich Kapuziner, einen aus dem Minderbrüderorden von Franz von Assisi hervorgegangenen, 1528 gegründeten Reformorden, zur Rekatholisierung nach Salzburg und schuf den Mönchen 1599–1602 durch Umbau des Trompeterschlösschens – einer mittelalterlichen Wehranlage als Gegenstück zur Festung (1060–88) auf dem ehemaligen Imberg (heute Kapuzinerberg) – eine neue Bleibe. Unter Erzbischof Paris Lodron wurde das Kloster in dessen Befestigungsanlage einbezogen. 1939–45 wurden die Kapuziner durch die Nationalsozialisten aus ihrem Kloster vertrieben, da dort eine Gauhalle, ein Stadion und ein neues Festspielhaus errichtet werden sollten. Zum Kloster gelangt man entweder über die Imbergstiege oder über den Kapellenweg durch das unter Erzbischof Marcus Sitticus errichtete Franziskustor mit einem Franz-von-Assisi-Relief, durch die Felix-Pforte und vorbei an den Passionskapellen mit Skulpturen von Josef Anton Pfaffinger, Lorenz Hörmbler, Johann Bergler d. Ä. und Johann Georg Hitzl (ab 1736). Als Abschluss dieses Weges steht oben die Kreuzigungsgruppe von Franz Hitzl (1780). Der Schriftsteller Stefan Zweig bewohnte das auf dem Weg liegende Paschinger-Schlössl (Kapuzinerberg Nr. 5) von 1919 bis 1937.

Die ab 1598 in schlichten Formen errichtete **Klosterkirche** wurde 1602 dem hl. Bonaventura geweiht. Der einfache, gewestete Bau besitzt den Ordensgepflogenheiten entsprechend nur über dem Chor einen kleinen Dachreiter. Das Portal im Osten ist mit dem Wappen Wolf Dietrichs versehen. Besondere Beachtung verdient die spätgotische Tür im inneren Portal. Deren Reliefs dürften aus dem alten Dom von der Rückwand des Chorgestühls stammen (Friedrich Kobler). Erst um 1600 wurden sie zu Türflügeln umgearbeitet. Sie sind 1450 in einem Spruchband datiert und werden der Werkstatt des Meisters von Seeon (Hans Paldauf?) zugeschrieben. In den 12 Flachreliefs sind Halbfiguren von Aposteln und/oder Propheten, darüber Johannes der Täufer, der auf das Lamm Gottes zeigt, und Maria mit dem Kind zwischen Lilien dargestellt. Im einfachen tonnengewölbten Saalraum mit stark eingezogenem Chor und für Kapuzinerkirchen charakteristischem Ausstattungsschema wird die Anbetung der Hirten am Hochaltar (1602) Francesco Vanni zugeschrieben. Die seitlichen Bilder der 1. Hälfte des 18. Jh.s stellen Bonaventura und Ludwig von Toulouse dar. Die Seitenaltäre, deren Bilder ebenfalls Ordensheiligen gewidmet sind und um 1620 entstanden, zeigen links die Hll. Antonius und Klara und rechts Felix von Cantalice vor der Madonna. Die Kreuzigungsgruppe am Triumphbogen entstammt der Mitte des 18. Jh.s. Im Betchor hinter dem Hochaltar schuf Norbert Baumgartner, ein malender Kapuzinermönch, die Darstellung der Stigmatisation des hl. Franziskus. Passionsszenen von seiner Hand schmücken auch die Längswände der Kirche. Die kleine Seitenkapelle rechts ist dem hl. Franziskus geweiht. Die Lourdesgrotte links vom Eingang stammt von 1880 und ist damit die älteste im Erzstift Salzburg. Das Klostergebäude bewahrt schöne Rundbogenportale des 16. Jh.s.

Franziskischlössl (Kapuzinerberg; II G4): Der Kapuzinerberg war ehedem Jagdgebiet der Salzburger Erzbischöfe. 1629 ließ Erzbischof Paris Lodron, der die Befestigungsanlagen der Stadt verstärkte, in diesem Zuge auch das Franziskischlössl durch Santino Solari als Bollwerk erbauen. Bis Anfang des 19. Jh.s befand sich hier eine militärische Besatzung. Das ganze Gebiet war für die Bevölkerung gesperrt, diente aber der landesfürstlichen Jagd. In der Romantik erlebte das Areal den Wandel zu einem beliebten Ausflugsziel. Einen schönen Blick auf Salzburg und seine Dachlandschaft mit den zum Teil noch erhaltenen Grabendächern kann man von der Aussichtsplattform der Hettwer-Bastei genießen, benannt nach dem Militärgeographen Oberst Emil Hettwer (1847–1934).

Sebastianskirche (Linzergasse 41; II D4): In dieser Gegend außerhalb der ehemaligen Stadtmauern lag einst der Pestfriedhof. Hier errichtete unter Erzbischof Leonhard von Keutschach die Sebastiansbruderschaft – Sebastian ist Schutzpatron gegen die Pest – ab 1496 das Bruderhaus, eine Art Armenfürsorge, und 1505–12 durch Stadtbaumeister Peter Inzinger eine Kapelle in spätgotischen Formen. 1749–54 kam es zu einem größeren Neubau unter der Oberleitung von Franz Anton Danreiter durch den Tiroler Baumeister Kassian Singer. Diese Kirche war der wohl schönste Rokokokirchenraum Salzburgs. Nach schweren Beschädigungen durch den Stadtbrand von 1818 wurde jedoch die Kirche bis 1821 nur in vereinfachter, dem Zeitgeschmack entsprechender Form wiederhergestellt. Es handelt sich um einen Saalbau mit einem an der Seitenfassade leicht vorgeschobenen schön geformten Zwiebelturm. Das von Josef Anton Pfaffinger ausgeführte Rokokoportal mit Sebastiansbüste und Engelshermen beruht auf einem Entwurf des Architekten und Hofgärtners Franz Anton Danreiter. Das beachtenswerte Lünettengitter wurde 1752 wie auch die vom ursprünglichen Bau erhaltenen Schmiedeeisengitter im Inneren von Philipp Hinterseer gefertigt. Das Relief mit dem Sebastiansmartyrium an der Außenmauer der Kirche von Hans Konrad Asper (1618) stammt vom abgebrochenen Linzer Tor. Der einfache, als dreijochiger tonnengewölbter Saal gestaltete Kirchenraum besaß vor dem Stadtbrand eine Freskierung und ein Hochaltarbild mit der Darstellung des hl. Sebastian von Paul Troger. Die heutige Ausstattung geht größtenteils auf die Restaurierung von 1820 und spätere Umgestaltungen zurück. Der Hochaltar aus der Erbauungszeit wurde um 1820 überarbeitet. Anstelle des verlorenen Troger-Gemäldes ziert eine Marienstatue von Hans Waldburger (1611) zwischen Statuen der Apostel Andreas (1751) und Petrus den Altar. Die Marienstatue und die Andreasfigur stammen aus der 1861 abgebrochenen alten St.-Andrä-Kirche. Die Petrusstatue ist eine Kopie des späten 20. Jh.s, das Sebastiansrelief im Altaraufsatz ist eine 1964 entstandene Arbeit von Conrad Dorn. In der Triumphbogenlaibung sind heute Personifikationen von Fides und Religio (1821) angebracht, die im 19. Jh. den Hochaltar schmückten. Die beiden Ölgemälde unter ihnen stellen die Hll. Johannes vom Kreuz und Theresa von Avila (18. Jh.) dar. Die spätbarocken Seitenaltäre erhielten nach 1818 neue Bilder und zeigen links vom Chor die *Hl. Familie mit Joachim und Anna* von Johann

SALZBURGER
FESTSPIELE 2019

ORPHÉE AUX ENFERS

23. August, 19.30 Uhr

HAUS FÜR MOZART

2. Rang Mitte links

Reihe 9 Sitz 8

Preis EUR 95,00

00011919050
02000120001

Gelöste Eintrittskarten können nicht zurückgenommen werden. Programm- und Besetzungsänderungen vorbehalten. Einlass für Zuspätkommende nur in den Pausen. Parkmöglichkeit in den Altstadtgaragen und in der Tiefgarage des Raiffeisenverbandes. Im Falle von Foto-, Fernseh- und Videoaufnahmen durch die Festspiele oder durch berechtigte Dritte erklärt sich der Besucher mit eventuell entstehenden Bildaufnahmen seiner Person und der damit einhergehenden Verwertung einverstanden. Alle Arten von Bild- und Tonaufnahmen sind während der Aufführung untersagt. Festliche Kleidung erwünscht. Es gelten die Allgemeinen Geschäftsbedingungen der Salzburger Festspiele.

FESTSPIELKARTE = BUSTICKET
Ihre Festspielkarte gilt von 20. Juli bis 31. August als Fahrschein in der Kernzone der Stadt Salzburg für Obus, Bus und S-Bahn im Salzburger Verkehrsverbund, jeweils drei Stunden vor Veranstaltungsbeginn bis Betriebsende.

Tickets which have been paid for cannot be refunded. Change in cast and programme reserved. During the performance, admittance only in intervals. Parking space in "Altstadt Garagen" and "Raiffeisen-Garage". In the case of official photography, TV and video recordings carried out by the Festival or third parties with the Festival's permission, visitors declare their consent to possible images of their person being recorded and used. All forms of recording (sound or vision) are prohibited during the performance. Formal dress preferred. The Salzburg Festival's General Terms and Conditions apply.

FESTIVAL TICKET = BUS TICKET
From 20 July until 31 August tickets for Festival performances will be valid for travel within the city of Salzburg in the so called „core-zone" by Trolley bus, Bus or S-Bahn from three hours before the performance begins until the last service.

Michael Sattler (1821) und rechts eine *Maria Immaculata*, Franz N. Streicher zugeschrieben (um 1800). In der mittleren Reihe erscheint links der hl. Donatus (2. Hälfte des 18. Jh.s, überarbeitet), die hl. Barbara rechts malte Sebastian Stief (1848). Die Altarblätter zum Eingang hin, die links den hl. Rochus und rechts den hl. Florian darstellen, schuf wieder Johann Michael Sattler (1821). Die Kanzel und die Mosesstatue entstanden ebenfalls um 1820, ebenso das Kruzifix und die Mater dolorosa gegenüber an der südlichen Langhauswand, Franz Seraphikus Nissl zugeschrieben. Die beiden ins 19. Jh. zu datierenden Statuen in den Nischen der Westseite stellen die Apostel Petrus und Paulus dar. Die fast zur Gänze erhaltene alte Orgel ist ein Werk von Karl Mauracher (1828) mit Erneuerung durch Johann Nepomuk Mauracher (1867). An die Kirche angefügt ist die vom Friedhof aus zugängliche St.-Philippus-Neri-Kapelle, erbaut als eigene Familiengrablege durch den Baumeister und Stadtrat Bartholomäus Bergamin 1684. Bereits um 1760 umgestaltet, erhielt auch sie nach dem Brand ein neues Altarbild des Titelheiligen von Sebastian Stief. Das Fresko in der Kuppel ist eine Arbeit von Wolfram Schöberl (1956), das Abschlussgitter stammt aus dem 18. Jh.

Sebastiansfriedhof (II D4): Der unter Erzbischof Wolf Dietrich vergrößerte und neu gestaltete Friedhof diente als Ersatz für den alten Domfriedhof. Der Hofbaumeister Andrea Bertoletto aus Como, der vorher in der Steiermark tätig war, errichtete ab 1595 ein geschlossenes Geviert mit schlichten Renaissancearkaden, eine Totenstadt nach dem Vorbild eines italienischen Camposanto. Nach seinem Tod übernahm Elia Castello die Vollendung der Arbeiten bis 1600. Auf dem 1888 aufgelassenen Friedhof mit zahlreichen Gräbern liegen u. a. Leopold Mozart, Constanze Nissen (Frau Wolfgang Amadeus Mozarts) und ihr zweiter Ehemann, Genovefa von Weber, die Mutter des Komponisten Anton von Weber, und Elia Castello begraben. Im Durchgang zur Sebastianskirche erinnert ein Grabmal von 1752 mit der ursprünglichen Grabplatte von 1541 und einem Porträtmedaillon von 1941 an den in Salzburg tätigen Paracelsus (Theophrastus Bombastus von Hohenheim), der bereits vor der Neugestaltung des Friedhofs hier bestattet worden war. Im Zentrum der Anlage erhebt sich das 1597 begonnene und 1603 dem Erzengel Gabriel geweihte Mausoleum für Erzbischof Wolf Dietrich, die schon im 17. Jh. berühmte ♦ **Gabrielskapelle**. Der Baumeister ist nicht namentlich bekannt, doch dürfte es der Bildhauer und Mosaizist Elia Castello, von dem nachweislich die Stuckierung stammt, gewesen sein. Möglicherweise stammte der Entwurf aber auch noch von A. Bertoletto. Nach dem frühen Tod von Elia (23. 12. 1602) lag die Vollendung in den Händen der Brüder Antonio und Michele Castello. Die Weihe erfolgte 1603. Das Grundkonzept dürfte jedoch ebenso wie Anregungen für die Innengestaltung mit Fliesen auf Wolf Dietrich selbst zurückgehen, der sich als Landesherr inmitten seines Volkes bestatten lassen wollte. Es handelt sich um einen überkuppelten Renaissancerundbau mit Rechteckchor und toskanischer Pilastergliederung. Allein stehende kleine Rundbauten waren seit dem Mittelalter für Totenkapellen gebräuchlich, doch dürften durch die mittige Stellung in einem Hof Assoziationen an antike Gräber wie das Romulus-Grabmal an der Via Appia, die Grabesrotunde in Jerusalem oder den Tempietto des Bramante in S. Pietro in Montorio in Rom durchaus mitintendiert gewesen sein. Dem abgesehen vom Chor zylindrischen Inneren, das man durch ein Portal mit Dreiecksgiebel betritt, sind vier von Karyatiden gerahmte Nischen eingefügt, in denen Stuckfiguren der vier Evangelisten Aufstellung gefunden haben. Die Wände sind zur Gänze von bunt glänzenden Mosaikfliesen in schachbrettartiger Musterung in Braun, Weiß, Gelb, Blau und Grün überzogen, die der Hafnermeister Hans Khop unter Anleitung

Gabrielskapelle

Wolf Dietrichs ausführte. Diese für einen Kirchenraum ganz ungewöhnliche, aber in Salzburger Bürgerhäusern im 14. und 15. Jh. durchaus verbreitete Dekoration verleiht dem Raum einen leichten, fast heiteren Charakter. Die Kuppel wird durch buntfarbige Stuckrippen mit Akanthusdekor gegliedert. Im Chor steigert sich das Fliesenmuster zu Rankenwerk, und im Tonnengewölbe erscheinen farbige Stuckreliefs. Diese Stuckbilder stellen neben dem Wappen Wolf Dietrichs die vier lateinischen Kirchenväter Ambrosius, Augustinus, Gregor und Hieronymus und die vier Kardinaltugenden Iustitia (Waage), Prudentia (Spiegel), Temperantia (Mischgefäß) und Fortitudo (Säule) dar. Die barocke Altararchitektur und das Altarbild mit der *Fußwaschung Christi*, ein Beispiel für Demut, gehen auf ei-

Franz Anton Danreiter, Dreifaltigkeitskirche, um 1730

ne Erneuerung um die Mitte des 18. Jh.s zurück. Der ursprüngliche Altar war eine Arbeit Hans Waldburgers. Die Gabrielskapelle, die noch vor den Mausoleen in Ehrenhausen und Graz entstand, stellt vor allem mit ihrer Innendekoration einen vollkommenen kleinen Renaissancebau dar.

♦ **Dreifaltigkeitskirche und Priesterhaus** (Makartplatz; II D5): Der Bau geht auf eine Stiftung von Erzbischof Johann Ernst Thun zurück, der die Priesterausbildung – vorher sollte sie den Theatinern anvertraut werden – den Benediktinern übergab und dafür einen Neubau im noch wenig verbauten Gebiet am Rand der rechtsseitigen Altstadt errichten ließ. Der Komplex umfasste das eigentliche Priesterhaus, das sich zuletzt bis zum Felssturz von 1669 in der Gstätten befunden hatte, das 1702 gestiftete Collegium Virgilianum für arme adelige Studenten und das Siebenstädter Collegium für bürgerliche Studenten. Es handelte sich um Thuns ersten großen Auftrag als Bischof. Er berief dafür 1694 Johann Bernhard Fischer von Erlach. Auch für diesen war es der erste Kirchenbau und für Salzburg eine erste am römischen Hochbarock orientierte Architektur. Die Weihe erfolgte 1699, doch zog sich die Vollendung bis 1702 hin. Nach dem Tod von Erzbischof Thun wurde sein Herz hier in der Gruft beigesetzt. 1756/57 kam es zur Erhöhung der Türme und Pilastrierung mit Rocaillekapitellen. Die heutigen flachen Turmabschlüsse stammen aus der Zeit nach dem Stadtbrand von 1818. Fischer setzte die Kirche ähnlich dem sicher auch als Vorbild dienenden Kajetanerkloster symmetrisch in die Anlage, mit einem großen Innenhof, der durch die Kirche geteilt wird. Die Gesamtfront, die außen zweiachsige Risalite ausbildet und einer Palastfassade ähnelt, ist seitlich der Kirche etwas zurückgenommen und schwingt an der Zweiturmfassade der Kirche konkav ein – wohl erstmals nördlich der Alpen. Die Vorbilder dafür finden sich in Rom (Sant'Agnese in Agone von Francesco Borromini und Carlo Fontanas S. Marcello al Corso). Durch diesen Einzug entsteht ein querovaler Vorplatz. Die Türme, von Fischer wesentlich niedriger gebildet als heute, besaßen nach oben ausschwingende Dächer. Eindeutig im Vordergrund stand für Fischer die Dominanz der Tambourkuppel. Die gesamte Anlage erhebt sich über einem hohen genuteten Sockelgeschoss mit einer die Fläche betonenden Pilastergliederung im Hauptgeschoss und gekuppelten Freisäulen links und rechts der Mittelachse der Kirche. Das Wappen und die Statuen über deren Gebälk stammen von Michael Bernhard Mandl und stellen von links Personifikationen von Liebe, göttlicher Weisheit, Hoffnung und Glaube dar (1699). Typisch für Fischer ist die klare Struktur, die alle einzelnen Architekturglieder für sich wirken lässt. Der Kirchengrundriss ist aus der Verbindung eines Ovals mit einem griechischen Kreuz entwickelt. Im Unterschied zur Kajetanerkirche orientiert Fischer das Oval jedoch in die Tiefe und verleiht so dem sehr steilen Raum mehr Dynamik und Spannung. Länge (14 m) und Höhe (28 m) des zentralen Raumes verhalten sich 1 : 2, ebenso seine Breite zur Länge. Die Wandgliederung besteht aus Kolossalpilastern auf hohen Sockeln und einem stark profilierten Kranzgesims. In den Diagonalen sind Muschelnischen eingefügt. Die Stuckdekorationen stammen von Giovanni Battista Retti und Andrea Solari. Der Hochaltar, eine Teilrekonstruktion nach dem Zweiten Weltkrieg, geht auf einen Entwurf Fischers zurück. Nur die von Andreas Götzinger ausgeführte Gruppe der Hl. Dreifaltigkeit mit anbetenden Engeln blieb original erhalten. Die Seitenaltäre weisen keinen architektonischen Aufbau auf, sondern zeigen – in Anlehnung an Bernini – Engel, die links ein Kruzifix und rechts das Marienbild des Reisealtares von Erzbischof Johann Ernst Thun, eine Kopie des Gnadenbildes von Cambrai, präsentieren. Der Bildhauer der Engel war wieder Michael Bernhard Mandl. Die Kanzel aus der Erbauungszeit wurde um 1850 überarbeitet. Die bildliche Ausgestaltung durch Johann Michael Rottmayr (1697) zeigt über den Wandnischen die vier lateinischen Kirchenväter als Zeugen der besonderen Bedeutung Mariens (bereits 1865 nach ihrer Zerstörung im Stadtbrand ersetzt, heute moderne Nachbildungen) und in der elliptischen Kuppel gegen Osten Mariens Krönung durch die Trinität mit Allerheiligenhimmel (1697). Im westlichen Kuppelbereich ist der Erzengel Michael, der Kämpfer gegen das Böse, mit Schwert und Seelenwaage besonders hervorgehoben. In Nachfolge hochbarocker römischer Gestaltungskonzepte führen drei konzentrische, noch sehr in sich geschlossene Wolkenbahnen sphärisch gestaffelt von der Zone der Heilsgeschichte mit Personen des Alten und des Neuen Testaments und Heiligen über den Bereich der Engelschöre zu Maria und zur Hl. Dreifaltigkeit. Gottvater mit der Sphaira und Christus mit dem Kreuz krönen Maria. Die Heiliggeisttaube erscheint in der Laterne darüber. Wie für Fischer der Kirchenbau, so war auch für Rottmayr der Salzburger Auftrag das erste große Kirchenfresko und eines der ersten Kuppelfresken in Österreich überhaupt. Durch den Brand von 1818 und unsachgemäße Restaurierungen hat es allerdings ziemlich gelitten. Vorbild dürfte auch hier wieder Rom mit der Kuppelbemalung in Sant'Agnese in Agone von Ciro Ferri gewesen sein. Rottmayr selbst übernahm sein Kuppelschema anschließend für St. Peter in Wien. Die Orgelempore auf Gusseisenstützen wurde 1828 erneuert, das Abschlussgitter der Kirche entstammt dagegen der Erbauungszeit. Im nördlichen Hof des Priesterhauses hat sich der Petrusbrunnen mit einer Kopie der Mandl'schen Statue vor der Domfassade durch Josef Anton Pfaffinger (1741) erhalten. Das Pendant mit dem Apostel Paulus im zweiten Hof wurde beim Stadtbrand von 1818 zerstört.

Die Skulptur *Caldera* in der kleinen Parkanlage des **Makartplatzes** (II D5) schuf Anthony Cragg (2008, Walk of Modern Art).

Mozarts Wohnhaus (Tanzmeisterhaus, Makartplatz 8; I D5): In dem im 18. Jh. bis 1767 als Tanzmeisterhaus genutzten Gebäude wohnte 1773–87 die Familie Mozart. Nach schweren Kriegszerstörungen war dem nur noch in Teilen vorhandenen Gebäude mit dem Tanzmeistersaal ein Bürohaus angefügt worden, das 1994 wieder abgetragen wurde, um das Mozart-Wohnhaus zu rekonstruieren und hier eine Mozart-Gedächtnisstätte einzurichten.

Palais Überacker (Dreifaltigkeitsgasse 11; I D5): Das 1601 errichtete und ab 1723 umgebaute Adelspalais bewahrt bis heute seine barocke Fassade. Im Inneren befindet sich das Honorarkonsulat der Bundesrepublik Deutschland.

Salzburger Landestheater (Makartplatz 2; II C/D5): Das neobarocke Salzburger Landestheater stammt von Ferdinand Fellner und Hermann Helmer, dem berühmtesten Theaterarchitektenduo der Monarchie und den erfolgreichsten Theaterarchitekten des 19. Jh.s überhaupt. Es entstand 1892–93 anstelle eines baufälligen Vorgängerbaus. Die heutige Außenansicht mit Balkon und die nicht mehr vorhandene Rokokodekoration beruhen allerdings auf Veränderungen von 1938.

Marionettentheater (Schwarzstraße 24; II C5): Die seit 1913 bestehende, international auftretende Marionettenbühne, die sich ebenso der Aufführung von klassischen Opern wie von Märchen und volkstümlichen Stücken widmet, hat ihren Sitz im ehem. Hotel Mirabell, welches dafür eigens umgebaut wurde.

Mozarteum (Schwarzstraße 26; II C4/5): Das 1910/14 nach Plänen von Richard Berndl errichtete historistisch an Klassizismus und Barock orientierte, im Detail jedoch auch vom Jugendstil geprägte Gebäude beherbergt zwei Konzertsäle, den Wiener Saal und den Großen Saal, und ist Sitz der Internationalen Stiftung Mozarteum. Die Statuen an der Fassade repräsentieren die geistliche und die weltliche Musik, die Bronzeputten auf der Attika die Grundtempi der Tonkunst. Die Statue *Mozart als Apollon Musagetes* in der Eingangshalle stammt von Edmund von Hellmer aus der Erbauungszeit. Im Garten befindet sich das aus Wien hierher übertragene **Zauberflötenhäuschen**, in dem Mozart einen Teil der Oper komponiert haben soll.

Lodronscher Primogeniturpalast (Altes Borromäum, heute Universität Mozarteum, Dreifaltigkeitsgasse 15–19; II D4): Der Palast, von dem kaum mehr als zwei Fassaden übrig sind, wurde unter Erzbischof Paris Lodron nach 1631 wohl von Santino Solari als Familienpalast errichtet. Es handelte sich ursprünglich um eine Dreiflügelanlage, die das Areal vom Landestheater bis zum Mirabellplatz einnahm. Die Fassade ist horizontal betont und bleibt zur Gänze in der Fläche. Sie besitzt keine senkrechte Gliederung. Die Portale entsprechen venezianischen Renaissancevorbildern. Der Stadtbrand von 1818 brachte große Zerstörungen und anschließend bis zur Errichtung der Hochschule Mozarteum 1972 zahlreiche bauliche Veränderungen. 1848–1912 diente der Bau dem Collegium Borromäum, einem Gymnasium, als Sitz. Die in den Jahren 1846–53 neben dem Palast durch Georg Pezolt (1810–1878) errichtete Karl-Borromäus-Kirche, ein gutes Beispiel des romantischen Historismus, wurde 1972 abgerissen. Das heutige Gebäude gehört zusammen mit einem daran anschließenden Neubau von Robert Rechenauer (2002–06) zur Universität Mozarteum. Die ästhetisch kühl-minimalistische Architektur des Neubaus beeinträchtigt auf der Seite zum Mirabellgarten diesen durch den harten Kontrast jedoch empfindlich. Im Innenbereich des ehem. Lodronschen Primogeniturpalastes befindet sich heute Anton Faistauers ursprünglich für Wien geschaffenes Werk *Dianas Heimkehr von der Jagd* (1929). Zu den weiteren Kunstwerken im Bereich der Universität Mozarteum zählen Fritz Wotrubas *Liegende* und die begehbare Skulptur *Hymnen – Tropen – Sequenzen* von Franz Graf.

Loretokirche und -kloster (Paris-Lodron-Straße 6; II D4): 1633–48 wurde für zehn in den Wirren des Dreißigjährigen Krieges aus dem Landshuter Loretokloster nach Salzburg geflohene Kapuzinerklosterfrauen hier ein Kloster samt Kirche errichtet, dessen heutige einfache Anlage auf dem Wiederaufbau nach dem Stadtbrand von 1818 und nach dem Zweiten Weltkrieg beruht. Der schlichte Saalraum der Kirche mit Kapellenanbauten bewahrt im Hauptaltar unter einer Dreifaltigkeitsgruppe eine Wurzel-Jesse-Darstellung und eine Kopie des Gnadenbildes von Altötting. Zwei weitere Gnadenbilder werden in den Kapellen verehrt, in der rechten Seitenkapelle zwischen Bildern mit Joachim und Anna das Gnadenbild von Maria Loreto, über dem ein Engel die Casa santa von Loreto präsentiert, und in der linken Seitenkapelle das Gnadenbild von Maria Einsiedeln. Ein eigener Altar ist dem berühmten, bis heute verehrten, um 1620 entstandenen Salzburger Loreto-Kindl gewidmet, an dem es zu bestimmten Festzeiten ausgesetzt wird.

Kast-Villa (Mirabellplatz 3; II D4): Die um 1870 für Maximilian Karl Graf O'Donnell errichtete historistische Villa beherbergt heute die international renommierte Galerie Thaddaeus Ropac.

◆ **Schloss Mirabell** (Mirabellplatz; II C4): 1606 ließ Erzbischof Wolf Dietrich für Salome Alt Schloss Altenau in der für die Renaissance charakteristischen Art einer römischen Villa suburbana außerhalb der damaligen Stadtmauern errichten. Nach seinem Sturz verlor Salome Alt jedoch den Landsitz. Erzbischof Marcus Sitticus benannte ihn 1617 in Mirabell um. Unter Erzbischof Paris Lodron in der Zeit des Dreißigjährigen Krieges wurde das Schloss samt Garten wie auch die übrige Neustadt mit Wällen und Mauern umgeben. In der zweiten Hälfte des 17. Jh.s kam es zum Ausbau der fürstbischöflichen Sommerresidenz als Vierflügelanlage und ab 1687 zu einer Neugestaltung der Gartenanlage unter Erzbischof Johann Ernst Thun. Tiefgreifende Umbaumaßnahmen erfolgten unter Erzbischof Franz Anton Harrach, der Lucas von Hildebrandt 1709 damit beauftragte. Vor allem 1721–27 vollzogen sich die umfassende Erweiterung unter Anfügung einer Sala terrena (vermutl. vor 1818 abgebrochen) und der Orangerie und die Errichtung der Prunktreppe und des Marmorsaals. Ob der Bastionsgarten, der Zwerglgarten und der Schießstand erst unter Harrach dazukamen oder schon unter Thun, wird in der Literatur unterschiedlich beurteilt. Der Hildebrandt vor Ort vertretende Bauleiter war Friedrich Koch. Unter Erzbischof Leopold Anton Firmian wurden die Gartenanlagen ein weiteres Mal unter dem Garteninspektor Franz Anton Danreiter verändert und nochmals unter bayerischer Herrschaft 1811 durch

Ludwig von Sckell. Dieser Eingriff betraf vor allem den Bastions-, den Rosen- und den Zwerglgarten. Die Zwerglfiguren wurden als monströs und nicht mehr zeitgemäß versteigert. Der Stadtbrand von 1818 beschädigte das Schloss schwer. Der Freskenschmuck von Marmorsaal, Kapelle und Treppenhaus wurde vernichtet, der Skulpturenschmuck teilweise zerstört. Den Wiederaufbau bis 1827 nach Plänen von Johann Georg Hagenauer leitete Peter Nobile. Der damals als unmodern erachtete und beschädigte barocke Turm wurde abgetragen, die Front zur Stadt weitgehend begradigt. Nobile lieferte die Entwürfe zur neuen Dekoration der Decken im Marmorsaal und im Treppenhaus. Für die Stadterweiterung in der zweiten Hälfte des 19. Jh.s wurden südliche Teile der Gartenanlage abgetrennt. Um 1875 wurde nördlich des Schlosses im Bereich der geschleiften Fortifikationen der Kurgarten angelegt. Schwere Schäden verursachte der Zweite Weltkrieg. Seit 1947 ist das Schloss Amtssitz des Bürgermeisters und einiger Magistratsabteilungen. Der prachtvolle Marmorsaal dient als Standesamt und Konzertsaal. 1973 wurde das Barockmuseum mit einer bedeutenden Bozzetti-Sammlung (s. a. Domquartier, S. 183) im Südflügel der Orangerie eingerichtet, jedoch 2012 geschlossen, um einem geplanten Sound-of-Music-Museum Platz zu machen. 1980 wurde der Nordflügel in ein Palmenhaus umgebaut.

Der Bau von Schloss Mirabell wirkt heute klassizistisch-blockartig und ist nur noch durch Portikus und Frontispiz geschmückt. Die stadtseitige Hauptfassade verlor nach 1818 ihre reiche Staffelung und die bewegte Umrissbildung durch Mansarddächer über den seitlichen Risaliten und Dachbalustraden mit Statuenschmuck. Der die Mitte akzentuierende Turm mit seiner reich geschwungenen Haube fiel weg, die Fensterformen wurden vereinfacht und egalisiert, der Dekor reduziert. Die Betonung der Horizontale wurde durch das durchgehende

Sattelwalmdach verstärkt. Die Hoffassade und die Gartenfront entsprechen dagegen in vereinfachter Form noch den von Bildhaftigkeit und dekorativem Geist geprägten Entwürfen Hildebrandts, sind aber sparsamer dekoriert als ehedem und haben ebenfalls ihre Statuenbalustraden verloren. Die von Lucas von Hildebrandt entworfene, Johannes Nepomuk geweihte **Schlosskapelle** dient heute der Altkatholischen Kirche als Gotteshaus. Der mit kannelierten Pilastern in Stuckmarmor geschmückte Saal wurde von Johann Georg Hagenauer bis 1837 umgestaltet, bewahrt aber noch den Hochaltar von 1722 mit Statuen der Hll. Augustinus, Rupert, Virgil und Martin. Das Altarbild musste jedoch nach dem Brand, der auch das Deckenfresko von Bartolomeo Altomonte zerstörte, erneuert werden. Es stammt von Michael Hess und zeigt in nazarenischem Stil die Apotheose des hl. Johannes Nepomuk (1830). Durch das Hauptportal gelangt man in den Innenhof des Schlosses mit dem schönen Frontispiz des Westtraktes, freilich ohne Statuenschmuck. An die Durchfahrtshalle schließt sich das erste Vestibül an, ehemals der Empfangssaal, mit flächigem Bandelwerkdekor von Jakob Gall und vier Skulpturen aus der Werkstatt von Lorenzo Mattielli – Frühling und Herbst und zwei Büsten über den Portalen. Im zweiten Vestibül, dem Vorraum zur Prunktreppe, findet sich Rocaillestuck. Das berühmte vierläufige **Treppenhaus** (1722) basiert auf dem Entwurf von Johann Lucas von Hildebrandt. Anstatt mit einer Balustrade ist es mit phantasievollen Brüstungen aus C-Bögen und Voluten mit Puttenschmuck, den Johann Franz Caspar ausführte, gesichert. Pfeiler und Nischenumrahmungen sind mit Stuccolustro verziert. Die Statuen in den Nischen stammen ebenso wie die Puttenpaare mit Leuchtern auf den oberen Treppenpostamenten und die vier Büsten antiker Feldherren in den Supraporten von Georg Raphael Donner und seiner Werkstatt. Inhaltlich ist der Statuenschmuck auf die Gründungsgeschichte der Stadt

Schloss Mirabell, Treppenhaus

Rom zu beziehen, die Identifikation der einzelnen Figuren in der Literatur ist jedoch nicht immer ganz überzeugend. Die Statue des Paris ist signiert und 1726 datiert. Die ursprünglichen Deckenfresken gingen im Brand von 1818 verloren. Dem beeindruckenden Marmorsaal mit Pilastergliederung und reicher Stuckdekoration fehlt seit dem Brand ebenfalls das Deckenfresko von Johann Michael Rottmayr.

Mirabellgarten (II C4): Die heutige Gestaltung des Großen Gartenparterres mit Statuen und Broderien überliefert in seltener Geschlossenheit einen typischen Barockgarten. Da die erste Neukonzeption des einstigen Gartens Wolf Dietrichs im Auftrag von Johann Ernst Thun erfolgte, wird von manchen Autoren Johann Bernhard Fischer von Erlach als entwerfender Architekt des Gesamtkonzepts vermutet. Wegen der verschiedenen Bereiche der Anlage wird vieles aber auch erst auf Harrach und seinen Hofgärtner Matthias Diesel zurückgehen. In jedem Fall wurde das Konzept um 1730 von Franz Anton Danreiter nochmals modifiziert. Das Grundprinzip entspricht dem Typus des geometrischen französischen Gartens mit Statuenschmuck, doch besteht der Mirabellgarten aus mehreren unterschiedlichen Teilen – Hauptparterre, Kleines Parterre, Rosengarten, Orangeriegarten, Heckentheater, Bastionsgarten und Zwerglgarten. Die stadtseitigen Marmorbalustraden und 28 Vasen ähneln Entwürfen Fischers. Die Götterstatuen auf der äußeren südlichen Balustrade stellen von links Saturn, Bacchus, Jupiter, Mars, Herkules, Vulkan, Merkur und Apollo und auf der inneren Diana, Minerva, Venus und Juno zwischen den vier Jahreszeiten (Flora, Ceres, Pomona, Vesta) dar. Den Eingang flankieren freie Kopien der antiken Borghesischen Fechter. Die mit dem Statuenschmuck beauftragten Bildhauer, deren Hände jedoch zum Teil nur durch Zuschreibungen zu scheiden sind, waren Ottavio Mosto (Flora, Ceres, Pomona, Vesta), Johann Frölich (Apoll, Mars, Saturn, Vulkan), Bartholomäus van Opstal (Herkules, Merkur, Jupiter, Bacchus), Andreas Götzinger (zwei Fechter, Minerva, Venus, Juno) und Michael Bernhard Mandl (zwei Fechter, vielleicht Diana). Der Springbrunnen im Zentrum, der einzige noch erhaltene von ehemals etwa zehn, ist von Statuen der vier Elemente von Ottavio Mosto (1690) umgeben. Sie stellen jedoch keine Personifikationen mit ihren Attributen dar, sondern entsprechende Begebenheiten: Raub der Proserpina durch Pluto (Erde), Raub der Helena durch Paris (Wasser), Aenaes rettet Anchises aus dem brennenden Troja (Feuer) und Herkules besiegt Anthaeus (Luft). Der Susanna-Brunnen vor dem Heckentheater mit seinen kulissenartig zugeschnittenen Hecken (eröffnet 1717) entstand bereits zu Beginn des 17. Jh.s im Umkreis von Hans Waldburger für einen anderen Aufstellungsort. Dargestellt ist wohl die Keusche Susanna im Bad. Im Zentrum des kleinen Gartenparterres an der Westseite des Schlosses unterhalb des Vogelhauses, einer Anfang des 18. Jh.s entstandenen Volière, die heute Ausstellungszwecken dient, steht der **Pegasusbrunnen**. Die noch etwas manieristisch wirkende Bronzeskulptur ist ein Werk von Caspar Gras (1661) aus Innsbruck und schmückte ursprünglich die alte Pferdeschwemme am Kapitelplatz. Die Adler und die beiden Einhörner an der Treppe wurden ursprünglich für Schloss Kleßheim konzipiert. Sie werden Michael Bernhard Mandl zugeschrieben; die beiden Löwen sind dagegen etwas später, um 1730, zu datieren. Die Statue einer Tänzerin auf dem Rosenhügel stammt von Giacomo Manzù. Die Anlage des Zwerglgartens zwischen Bastionsmauer und Wallmauer ist in ihrer heutigen Form nur rudimentär und entspricht auch nicht dem ursprünglichen Aufstellungsort (heute Kinderspielplatz). Ungesichert ist die Annahme, dass die erste Idee dazu bereits auf die Umgestaltung des Gartens mit Hilfe Fischer von Erlachs zurückgeht, und ungesichert sind auch die Bildhauer, zu denen eventuell Mandl gehörte. Die ehemals 28 grotesken Zwerge nach Vorbildern u. a. einer Kupferstichserie von Jacques Callot, die eine karikierende Gegenwelt im Kleinen zu den 28 Statuen von Göttern und Helden des Großen Parterres bilden, stellen die 12 Monate, 12 Typen der italienischen Commedia dell'Arte, Pallonespieler und Türkenverspottungen dar. Diese Vertreter der niederen Stände sollten sowohl der Belustigung dienen als auch als Zeit- und Modekritik die Torheiten der Menschen aufs Korn nehmen. In der bayerischen Besatzungszeit wurden die Zwerge 1811 veräußert, so dass heute durch Rückkäufe des Stadtvereins und durch Schenkungen nur noch 15 vorhanden sind. Weitere acht befinden sich in Privatbesitz, die restlichen sind verschollen. Die beiden Orangeriegebäude im Osten des Mirabellgartens entstanden um 1725. Im Norden des Schlosses schließt sich der Kurpark an.

Andräkirche (Mirabellplatz; II D4): Die ursprünglich gotische Kirche zum Hl. Andreas befand sich in der Nähe des Platzls. Erzbischof Wolf Dietrich ließ sie im Stil der Renaissance umgestalten, unter Erzbischof Andreas Dietrichstein kam es zu Barockisierung. Nach schweren Schäden durch den Stadtbrand von 1818 und dem Wunsch nach einer Straßenverbreiterung wurde dieser Bau 1861 demoliert. Als Ersatzbau errichtete man im Bereich der ehemaligen Basteien durch Jacob Ceconi nach Plänen von Josef Wessicken eine neugotische Kirche mit 61 m hohen Türmen. Die Weihe fand 1898 statt. Die Bomben des Zweiten Weltkrieges beschädigten diesen Bau schwer. Nach dem provisorischen Wiederaufbau kam es 1969–72 zur Neugestaltung durch Michael Kurz. Dabei wurden die Türme verkürzt, mit Pyramidendächern versehen und noch vorhandener Bauschmuck zum Teil abgeschlagen. Auch von der neugotischen Ausstattung hat sich kaum etwas erhalten. Der Hochaltar mit einer Darstellung des Gekreuzigten im Inneren und die Chorfenster stammen von Karl Weiser (1958/60). Zu den älteren Ausstattungsstücken zählen eine spätbarocke Statue des hl. Rupert, eine Statue des Apostels Andreas aus der alten Andräkirche, für die als Künstler Camillo Rusconi vorgeschlagen wurde – wahrscheinlicher ist jedoch eine zeitgenössische Kopie nach ihm –, und der barocke Taufstein. Den **Schrannenweiberlbrunnen** links von der Kirche auf dem Andräplatz schuf Herbert Trapp (1960).

Evang. Christuskirche (Elisabetkai 24; II C4): Der mit einer Einturmfassade versehene Backsteinbau ist Salzburgs erster evangelischer Kirchenbau, errichtet 1863–67 durch Jacob Götz nach den Vorschriften des Eisenacher Regulativs von 1861 und mit Hilfe deutscher Spendengelder. Das Innere, dessen Ausstattung noch weitgehend der Erbauungszeit angehört, besitzt einen eingezogenen Chor, eine umlaufende Empore und eine neugotische Holzdecke. Die Apsisfenster mit der Darstellung des Guten Hirten zwischen Petrus und dem Evangelisten Johannes stammen von Albert Birkle (1950). Die drei Gemälde mit dem Treueschwur der Salzburger Protestanten, ihrem Auszug aus Salzburg 1731/32 und der Einweihung der Kirche schuf der Historienmaler Friedrich Martersteig (1868). Der angrenzende Pfarrhof mit Kindergarten wurde 1868–69 ebenfalls von Götz errichtet.

Shopping Center Kiesel (Druck- und Verlagsgebäude Kiesel, Rainerstraße 19–23; II C3): Der von Wunibald Deiniger 1924–26 errichtete, jedoch 1987–89 durch Wilhelm Holzbauer postmodern umgestaltete Bau mit seiner markanten Ecklösung gilt als Schlüsselbau für den Beginn der Moderne in Salzburg.

Hauptbahnhof (Südtirolerplatz; II D2): Nach einer einschneidenden Umgestaltung des 1860 eröffneten und von den österreichischen und bayerischen Staatsbahnen betriebenen Hauptbahnhofs durch Ladislaus Friedrich von Diószeghy (1907–09) präsentiert sich der heutige Bahnhof nach einem neuerlichen Komplettumbau von 2010 bis 2014 in zeitgenössischen Formen, die jedoch das schöne Jugendstilempfangsgebäude mit seinen Fliesenbildern mit Motiven aus Salzburg (1910) in der Eingangshalle und die alte eiserne Hallenkonstruktion des ehemaligen Zentralperrons integrieren. Vor dem Hotel Europa in Bahnhofsnähe steht das Denkmal für die ermordete Kaiserin Elisabeth (Sisi), geschaffen vom Wiener Akademieprofessor Edmund von Hellmer (1900/01). 2001 kam auf dem Platz das Denkmal für die durch das NS-Regime hingerichteten und in den Konzentrationslagern ermordeten Salzburger und Salzburgerinnen von Heimo Zobernig in Form eines Wartehäuschens auf drei Beinen hinzu.

Äußere Stadtbereiche links der Salzach

Nordwestlicher Stadtrand: Mülln, Liefering, Taxham, Maxglan, Riedenburg, Leopoldskron

Klausentor (Ursulinenplatz, I C5): Das an der Engstelle zwischen Salzach und Mönchsberg befindliche Klausentor wurde in seiner heutigen Erscheinung 1612 unter Erzbischof Marcus Sitticus errichtet.

Leprosenhaus und Leprosenhauskirche (Müllner Hauptstraße 6; II B4): Das ehem. Spital für Aussätzige wurde vermutlich unter Erzbischof Eberhard II. im 13. Jh. gegründet. 1450 kam es zu einer Erneuerung der Kapelle. Unter Erzbischof Paris Lodron wurde das Spital im Zuge der Befestigungsanlagen etwas verlegt und neu aufgebaut. Die heutige Anlage stammt vom Beginn des 18. Jh.s, die Weihe der Kirche erfolgte 1714 zu Ehren der Hll. Hieronymus und Antonius Eremit. 1765 kam es zu einer Erweiterung. 1801 wurde der Kirchenschatz von den Franzosen geraubt, in der zweiten Hälfte des 19. Jh.s das Leprosenhaus dem Johannspital als Pflegeheim angegliedert. Nach Aufgabe der Landespflegeanstalt 2013 ist eine Neunutzung als Studienzentrum geplant. Im Inneren des einfachen Kirchenraumes mit doppelgeschossiger Empore hat sich die Barockausstattung mit toskanischen Pilastern und mit einer Nachbildung des Gnadenbildes Maria Dorffen auf dem Hochaltar, 1735 gestiftet vom Bärenwirt, erhalten. Die Altarstatuen stellen die Patrone Hieronymus und Antonius Eremit und im Aufsatz die Pestheiligen Sebastian und Rochus dar. Die Madonna auf der Mondsichel stammt aus dem 17. Jh., die Kreuzwegstationen aus dem 18. Jh., der Kruzifixus an der Langhauswand aus der 2. Hälfte des 14. Jh.s, die Mater dolorosa gehört jedoch der Barockzeit an.

Der mit zwei Delphinen und Putto gekrönte Brunnen vor

Pfarrkirche Mülln

dem Haus Müllner Hauptstraße 26 ist ein Werk von Sebastian Stumpfegger (1727).

Pfarrkirche Mülln U. L. Frau Mariä Himmelfahrt (ehem. Augustiner-Eremiten-Kirche und -Kloster; Augustinergasse; I B4): Die Gegend, die schon in prähistorischer Zeit besiedelt war und durch die die Römerstraße zwischen Iuvavum und Augusta Vindelicorum (Augsburg) führte, stellt den nördlichen Ausläufer des Mönchsberges dar. Hier betrieben die Stifte Nonnberg und St. Peter einst Mühlen. Spätestens ab dem 12. Jh. gab es hier eine Marienkapelle. 1439–53 wurde unter Erzbischof Johann II. von Reisberg durch Ulrich Dankl und Heinrich Murauer eine neue Kirche Zu unserer Lieben Frau errichtet, die 1461 zur Pfarrkirche erhoben und von einem Kollegiatsstift betreut wurde. Als sie in der Reformationszeit zunehmend verfiel und das Stift verwaiste, übergab Erzbischof Wolf Dietrich die Pfarre samt Kollegiatsstift 1605 an die aus München berufenen Augustiner-Eremiten. Er ließ die Kirche erweitern und eine Klosteranlage errichten, die durch einen Schwibbogen mit der Kirche verbunden ist. Er selbst und seine drei Brüder stifteten Kapellen. 1621 wurde die Brauerei gegründet. 1674 erhielt die Kirche unter Erzbischof Max Gandolph auf dem spätgotischen Turm ihre heutige, für das Stadtbild von Salzburg so wichtige Turmhaube mit Doppellaterne. 1708 wurde von Sebastian Stumpfegger die südliche Stiegenhausfassade mit Kolossalpilastern neu errichtet, um 1735/40 das Innere barockisiert. 1810, unter der bayerischen Herrschaft, fiel das Kloster der Säkularisation zum Opfer. Über das Stiegenhaus mit Prozessionstreppe, Passionsbildern (darunter rechts eine Beweinung Christi von Paul Troger), einem Martyrium der hl. Ursula und drei Kapellen gelangt man zum Kirchenportal mit zwei spätgotischen Löwenköpfen. Die untere Kapelle bewahrt in einem Altar von Jakob Mösl (1771) eine spätgotische Pietà, die mittlere eine Lourdesmadonna und die obere

Buchhandlung Höllrigl GmbH
Sigmund-Haffner-Gasse 10
5020 Salzburg
Tel.: 0662/841146

Reclams StädteführerSalzburg; Nr.19358

9783150193587	12.20 2
Summe	12.20
Bar	12.20

MwSt-Bruttoumsatz	12.20
10.00% MwSt 2	1.11
Nettobetrag	11.09

Vielen Dank für Ihren Einkauf!
FN 64748v
UID-Nr.: ATU14915001
Umtausch nur gegen Gutschrift!

Kasse/Bon	Datum/Zeit	Kassierer
1 / 2745	29.08.16 13:37	1

HÖLLRIGL
BUCHHANDLUNG

HÖLLRIGL
BUCHHANDLUNG

HÖLLRIGL
BUCHHANDLUNG

ein Dreifaltigkeitsbild von Johann Martin Schmidt gen. Kremser Schmidt (1769) ebenfalls in einem Altar von Mösl. An der rechten Wand befindet sich heute das ursprüngliche Hochaltarbild mit einer Allerheiligendarstellung von Martin Theophil Pollak (1623). Der im mittleren 15. Jh. errichtete Kirchenbau ist durch Wandpfeiler gegliedert und stellt im süddeutsch-österreichischen Raum durch die Verbindung von Langhaus und Chor zu einem einheitlichen Saal einen wichtigen Entwicklungsschritt hin zur spätgotischen Wandpfeilerhallenkirche dar. Das heutige barockisierte Innere wird durch die Ummantelung der spätgotischen Stützen mit Stuckmarmor und durch Einziehen einer hölzernen Tonne unter dem noch erhaltenen Rippengewölbe bestimmt. Den Bandlwerk- und Rosengitterstuck fertigte Christof Fenninger 1738. In den Stuckreliefs erscheinen die Hl.-Geist-Taube, die Namen Jesu und Mariae, die vier lateinischen Kirchenväter und Maria mit dem Verkündigungsengel. Der Hochaltar von Jakob Mösl nach einem Entwurf des Wiener Malers Vinzenz Fischer (1758/60) bewahrt als Gnadenbild Mater Gratiae, eine spätgotische Marienstatue von etwa 1460, die noch in der Tradition der salzburgischen Schönen Madonnen steht und mit Jakob Kaschauer in Beziehung gebracht wird. Die seitlichen Statuen stellen die Hll. Alexius, Katharina, Barbara und Wilhelm von Maleval dar. Im Auszug erscheint die Hl. Dreifaltigkeit zwischen Fides und Spes, darüber der hl. Augustinus als Verkörperung der Caritas. Als Bildhauer ist Lorenz Wieser überliefert. Die dem 18. Jh. entstammenden Bilder an den Chorwänden stellen die *Almosenspende des hl. Thomas von Villanova* (Pietro Antonio Lorenzoni, 1751), die *Anbetung der Hirten und der Hl. Drei Könige* und *Maria mit den Hll. Thomas von Aquin, dem Evangelisten Johannes, Augustinus und Bernhard von Clairvaux* (ebenfalls Lorenzoni) dar. Der Korb der Kanzel von 1738/39 ruht auf den Evangelistensymbolen. Die vier Kirchenväter und die Ecclesia triumphans auf dem Schalldeckel schuf Johann Georg Hitzl. Die Tür ziert ein Relief des Guten Hirten. Die Heiligenstatuen im Langhaus geben Joachim, Anna, Josef, Johannes Nepomuk und Agnes wieder, die Bilder von Vinzenz Fischer (1759) über den Kapelleneingängen Szenen aus dem Marienleben (Vermählung, Verkündigung, Heimsuchung und Himmelfahrt). Die doppelgeschossige Orgelempore bewahrt das Orgelgehäuse von ca. 1675. In den unter Wolf Dietrich angefügten Seitenkapellen findet sich zum Teil noch die Stuckausstattung von Johann Passerini aus dieser Zeit (nordöstliche und südwestliche Kapelle) bzw. aus der zweiten Hälfte des 17. Jh.s. Die schönen Abschlussgitter stammen aus der Erbauungszeit und wurden von Andreas Laininger gefertigt. Das Altarbild der nordwestlichen Kapelle links vom Eingang stellt *Johannes a S. Facundo mit Christus* dar. Das Wandbild zeigt die Anbetung der Hirten, eine Kopie nach Otto van Veen. Der Altar und die Statuen der Hll. *Johannes der Täufer* und *Georg* entstanden 1768. Die nordöstliche Kapelle bewahrt einen Altar mit der *Vision des hl. Nikolaus von Tolentino* von Johann Michael Rottmayr (1690) zwischen den Hll. Paulus Eremit und Antonius Abbas. In der südöstlichen Taufkapelle mit spätgotischem Taufstein stammt der in Anlehnung an Fischer von Erlachs Altar der Franziskanerkirche entworfene Altar urkundlich von Wolfgang und Johann Baptist Hagenauer (1765/66). Auftraggeber war Erzbischof Siegmund Schrattenbach. Der Altar enthält eine Kopie des Gnadenbildes der Maria vom Guten Rat von Genazzano zwischen den Statuen des hl. Johannes des Evangelisten und des Propheten Isaias. Die Umrahmung des Bildes mit hellen Wolken und Feuersäulen bezieht sich auf die Legende des Gnadenbildes, das auf wunderbare Weise geschützt von feurigen Wolken aus Scutari in Albanien bei dessen Einnahme durch die Türken nach Genazzano in die Augustiner-Eremiten-Kirche gekommen war. Die freigelegten

Fresken stammen aus der Zeit Wolf Dietrichs. In der südwestlichen Kapelle der Gürtelbruderschaft ist im Altar von 1768 die Verehrung der Madonna durch die Hll. Augustinus, Monika und Nikolaus von Tolentino (1698) zwischen den Statuen eines hl. Papstes und des hl. Thomas von Villanova dargestellt. An der Seitenwand befinden sich eine Prozessionsfigur der Gürtelmadonna (Gnadenbild in S. Giacomo Maggiore in Bologna) und eine Kopie der Salus populi romani, der Lukas-Madonna aus Sta. Maria Maggiore in Rom. Den Wandstuck in der Sakristei fertigte Diego Francesco Carlone 1709. In der kleinen Nische im Durchgang zur Neuen Sakristei (rechts vom Eingang) ist ein romanisches Kruzifix (13. Jh.) mit gotischer Fassung zu sehen. An der linken Seite des Kirchenschiffs befindet sich der Eingang zur Augustiner-Eremiten-Gruft mit ihren Columbarien. Die Friedhofskapelle, die 1709 hochbarock erneuert wurde, weist Fresken mit Darstellungen der Tugenden Christi und als Altarbild Christus am Kreuz (1782, Johann Michael Greiter) auf.

Johannesspitalkirche und Johannesspital (Landeskrankenhaus Salzburg, Müllner Hauptstraße 48; II A4): Das Johannesspital geht auf eine Stiftung von Erzbischof Johann Ernst Thun für Arme und Pilger zurück. Der Stiftungsbrief ist auf 1699 datiert, doch erfolgte die Eröffnung des Männerflügels (links) bereits 1695. Der Frauentrakt wurde 1703 fertiggestellt. Der Bau der Kirche im Zentrum währte 1699–1704. Der Architekt war Johann Bernhard Fischer von Erlach. Die flache Zweiturmfassade mit ionischem Kolossalpilasterschmuck, abschließender Balustrade und einer darüber zurückgesetzten Giebelfront wiederholt das Fassadenschema des Doms. Die Skulptur auf der Balustrade stellt den Patron Johannes den Täufer dar. Der Bildhauer ist nicht gesichert, vielleicht Michael Bernhard Mandl. Das gelängte Rechteck des Grundrisses wird durch seichte Querarme und einschwingende Ecken etwas zentriert.

In einer ersten Bauphase war eine Tambourkuppel geplant. Der Hauptaltar ist bühnenartig höhergesetzt, darunter führt eine Treppe zur offenen Krypta, in der die Eingeweide des Stifters Johann Ernst Thun in einer Flammenvase beigesetzt sind. Der von Stuckwolken und einer Gloriole mit Gottvater und der Geisttaube hinterfangene tempiettoartige Altar verbindet die Kreuzigung Christi zu einer Dreifaltigkeitsdarstellung, die von Engeln mit den Leidenswerkzeugen ergänzt wird. Die Seitenaltäre mit Putten und Engelhermen sind nach Entwürfen Fischers entstanden und enthalten sehr qualitätvolle Altarblätter von Johann Michael Rottmayr, links die *Predigt des hl. Johannes des Täufers* und rechts das *Martyrium der hl. Barbara* (1709).

Das von Fischer von Erlach in den Spitalskomplex integrierte Müllegger Tor war einst das äußere Stadttor. Seine heutige Form entstand um 1607 unter Wolf Dietrich in Abwandlung eines toskanischen Portals aus Philibert de L'Ormes Traktat.

Lieferinger Pfarrkirche St. Peter und Paul (Lieferinger Hauptstraße; s. Übersichtskarte): Bereits 790 ist hier urkundlich eine Kirche bezeugt, doch dürften die Anfänge sogar in die Zeit des hl. Rupert zurückreichen. Der schlichte spätgotische Bau von heute, der im Mauerwerk Reste eines romanischen Saalbaus bewahrt, wurde 1516 geweiht. Um 1691 wurde der Turm erhöht, die südliche Portalvorhalle angefügt und das Innere barockisiert. Die Ausstattung ist größtenteils modern, doch haben sich an der Langhausnordwand 8 Tafelbilder vom spätgotischen Hochaltar erhalten, die vom sog. Meister von Liefering stammen (um 1465).

Jugend- und Kinderhaus Liefering (Laufenstr. 43; s. Übersichtskarte): Der aus Sichtbeton und Edelstahl bestehende Bau, den komplexe Raumstrukturen kennzeichnen, wurde von Thomas Forsthuber entworfen und 2000–01 errichtet.

Hangar 7

Europark (S-Bahn-Station Taxham-Europark; s. Übersichtskarte): Die Gestaltung des mit internationalen Preisen ausgezeichneten größten Einkaufszentrums der Stadt basiert auf dem Wettbewerbsergebnis von 1994. Preisgekrönt für das Gesamtkonzept von Anlage und Umgebung wurde der Entwurf des italienischen Stararchitekten Massimiliano Fuksas. 1997 eröffnet, musste der Bau bereits 2004/05 erweitert werden, Europark II, ebenfalls von Fuksas.

Hangar 7 und Hangar 8 (Airport, Wilhelm-Spazier-Str. 7a; s. Übersichtskarte): Der ab 1999 durch das Salzburger Architekturbüro Volkmar Burgstaller geplante und 2001–03 errichtete Bau des Hangar 7 für die historische Flugzeugflotte der Flying Bulls zählt zu den führenden zeitgenössischen Bauten Salzburgs. Die transparente Glas-Stahl-Konstruktion besteht aus zwei zylindrischen Türmen, die in eine als freie Halle ♦

konzipierte elliptische Glasschale eingeschnitten sind. Durch die Halle führen drei frei gespannte Stege. Der Mehrzweckbau beinhaltet neben Gastronomiebetrieben eine Ausstellung von Flugzeugen, Hubschraubern, Formel-1-Wagen und Motorrädern, dient aber auch Ausstellungen für junge Kunst und verschiedenen kulturellen Veranstaltungen. Der ab 2002 errichtete Hangar 8 ist eine nicht zugängliche Wartungshalle für die Flugzeuge der Flying Bulls.

Autohaus Pappas (Innsbrucker Bundesstr. 111; s. Übersichtskarte): Der dem Zweck entsprechende technisch-dynamische Bau, der vor allem auf die Wahrnehmung vom fahrenden Auto aus konzipiert wurde, entstand 2004–06 nach einem Entwurf von kadawittfeldarchitektur aus Aachen.

Maxglaner Pfarrkirche St. Maximilian (Siezenheimer Straße; s. Übersichtskarte): An der 1952–56 als Erweiterung errichteten heutigen Kirche blieb die ursprüngliche Pfarrkirche, ein spätgotischer Bau aus der Zeit um 1500, erhalten. Er besitzt an der Außenmauer Reste römischer Steindenkmäler und im Inneren einen Altar von Jakob Mösl mit Skulpturen von Johann Georg Hitzl und einem Altarblatt mit der Darstellung von Mariä Himmelfahrt von Josef Ramsperger (1774).

Herz-Jesu-Asylkirche und **Asyl Riedenburg** (Hübnergasse 5/7; II A6): Die neugotische Kirche, die von den Trakten des Altenheimes gerahmt wird, wurde vom Wiener Ringstraßenarchitekten Friedrich von Schmidt (z. B. Wiener Rathaus) entworfen und 1877/78 ausgeführt. Der schlichte Bau besitzt ein flach gedecktes Langhaus und einen kreuzrippengewölbten Chor. Die Wandmalereien am Triumphbogen stammen von Josef Gold (1891), die Glasfenster im Chor von Karl Weiser (1963). Der Statuenschmuck der bemerkenswerten neugotischen Ausstattung wurde größtenteils von Johann Piger ausgeführt. Im Asylgebäude haben sich Teile des ehem. Lustschlosses Wolfegg (Ende des 18. Jh.s) erhalten. Im Garten befindet sich eine Statue der Maria Immaculata, die vom einstigen Brunnen beim Löchlbogen (Hagenauerplatz) stammt (um 1700).

St. Paul Riedenburg (Eduard-Herget-Straße; s. Übersichtskarte): Die 1993–96 errichtete Kirche mit Pfarrzentrum wurde vom Salzburger Architekturbüro Erio Kristof Hofmann und Adalbert Rothenthal aus dem Grundmotiv eines Zeltes entwickelt. Die Gestaltung des Altarraumes mit Altar, Ambo, Tabernakel und dem Fresko *Weg des Paulus* stammt von Hubert Schmalix. Die Glasfenster und die Eingangsportale schuf Richard Hirschbäck, den Wochentagsaltar Hartwig Rainer Mülleitner.

Schloss Leopoldskron (Riedenburg; s. Übersichtskarte): 1736–40 ließ Erzbischof Leopold Anton Firmian das Schloss nach Plänen des Benediktinerpaters Bernhard Stuart und unter Beteiligung der Stuckateure Johann Kleber, Johann Georg Braun und Johann Lindenthaler als Familiensitz errichten. Sein Neffe Laktanz übernahm den Bau nach dessen Tod. Laktanz von Firmians dort zusammengetragene bedeutende Sammlung von Gemälden, darunter 304 Künstlerselbstbildnisse, wurde im 19. Jh. größtenteils in alle Welt zerstreut. Zu den späteren Besitzern des zwischenzeitlich aufgestockten und veränderten Baus zählten König Ludwig I. von Bayern und Max Reinhardt, der das heruntergekommene Schloss zum Teil auch neu ausstatten ließ. Heute ist das Gebäude im Besitz des amerikanischen Salzburg Global Seminars und beherbergt ein Hotel. Die einflügelige, am Leopoldskroner Weiher gelegene Anlage ist im Inneren mit reichem Bandelwerkstuck von Johann Kleber verziert. Im über zwei Geschosse reichenden Festsaal stellt das Deckenbild von Franz Anton Ebner die *Vermählung der Atalante mit Hippomenes* (1744) dar. Die Darstellungen der vier Erdteile, Jahreszeiten und Elemente stammen dagegen von Andreas Rensi, von diesem auch die Wiedergabe der Überreichung des Fideikommiss an Laktanz Firmian. Die Kapelle, den Hll. Rupert und Leopold geweiht, besitzt Rocailleornamentik, eine Darstellung von Religio mit Engeln an der Decke und von den vier Evangelisten an den Wänden von Andreas Rensi. Ebenso von diesem stammen die sechs Leinwandbilder mit Christus- und Heiligenszenen. Das Altarbild mit den Hll. Rupert und Leopold vor Maria schuf Franz Anton Ebner (1740). Die seitlichen Statuen stellen die Hll. Donatus und Florian dar. Im zum Schloss gehörigen Park sind zahlreiche Skulpturen des 18. und 19. Jh.s aufgestellt. Die Statue des hl. Johannes Nepomuk am Südufer des Weihers schuf Josef Anton Pfaffinger 1736.

Bauakademie Lehrbauhof Salzburg (Moosstr. 197; s. Übersichtskarte): Das 1989 von Michael Alder errichtete Gebäude wurde zur Funktionserweiterung, u. a. für eine dramaturgische Spielstätte für die Salzburger Festspiele und das Landestheater, von der Architektengruppe soma / Wien 2012 umgebaut.

Evang. Auferstehungskirche (Dr.-Alfred-Altmann-Str. 10; s. Übersichtskarte): Die Kirche mit Gemeindezentrum und Studentenwohnheim wurde 1998–99 nach dem Entwurf von Günther Marschall errichtet. Die Glasfenster entwarf Rudolf Hradil; Krista Pliem führte sie aus.

Südwestlicher und südlicher Stadtrand: Herrnau, Hellbrunn, Morzg

ORF Landesstudio Salzburg (Nonntaler Hauptstr. 49d; s. Übersichtskarte): In der 1968–72 von Gustav Peichl erbauten Rundfunkanstalt sind alle Funktionsbereiche wie Aufnahmestudios, Redaktionsräume, Archiv, Büros, Künstlergarderoben usw. in Kreissegmenten und erweiterungsfähig um eine runde Mittelhalle angeordnet (Volksmund: Peichl-Torte). Gestalterisch wird bei dem Bau das Technisch-Funktionale auch zum bewusst eingesetzten ästhetischen Mittel. Peichl verwendete dieses Konzept in fast identischer Form auch für die Landesstudios in Linz, Innsbruck und Dornbirn.

Schloss Freisaal (Freisaalweg 31; s. Übersichtskarte): Der erstmals 1392 erwähnte Landsitz wurde 1549 durch den bischöflichen Administrator Ernst von Bayern als Wasserschloss neu in manieristischer Formensprache errichtet. Das dreigeschossige Schlösschen diente den Salzburger Bischöfen. Von hier aus erfolgte auch über die bis heute so genannte Fürstenallee der festliche Einzug eines neuernannten Bischofs in die Stadt. Im zweiten Obergeschoss haben sich im Saal die vollständig bemalten Wände der Erbauungszeit (1558) mit nur stellenweisen Übermalungen des 18. Jh.s erhalten. Dargestellt sind an der Süd- und Ostwand ein idealtypischer, festlicher und figurenreicher Einzug eines Bischofs in die Stadt Salzburg mit dem Empfang des Bischofs durch die Vertreter der Stadt. An den anderen Wänden fordern zwischen den Fenstern die Personifikationen der Vergänglichkeit, der theologischen Tugenden Glaube, Hoffnung und Liebe und der vier Kardinaltugenden Tapferkeit, Gerechtigkeit, Klugheit und Mäßigung den Herrscher in der Art eines Fürstenspiegels zur guten Herrschaft auf. Wohl als Negativbeispiel und Gegenbild zu den Tugenden erscheint am Ende, nur in Grisaille ausgeführt, die heidnisch-antike Göttin Diana. Antik römische und biblische Exempla ergänzen in kleinen Grisaillebildern das Programm. Als Maler wird Hans Bocksberger d. Ä. angenommen.

Naturwissenschaftliche Fakultät der Universität Salzburg, Freisaal (Hellbrunner Straße 34; s. Übersichtskarte): Errichtet wurde der Bau nach einem Wettbewerb 1973 von der Architektengruppe Universität Salzburg (Siegerprojekt von Heinz Ekhart, Stefan Hübner, Georg Ladstätter und Heinz Marschalek in Zusammenarbeit mit dem zweitgereihten Wilhelm Holzbauer) 1978–86. Er entspricht in seiner Formensprache der architektonischen Postmoderne, umschließt stadtseitig einen runden Innenhof, der sich sich nach außen in einer gläsernen Eingangshalle mit einer Art Triumphbogen öffnet, und löst sich zur Landschaft hin in Terrassen und Blöcke auf. Zu den dort aufgestellten Kunstwerken gehören u. a. auf einer Terrasse eine Bronze von Giacomo Manzù, die den Gründer der Universität, Erzbischof Paris Lodron, darstellt, im Innenhof ein Brunnen von Wander Bertoni, Steinfriese von Fritz Wotruba in der Eingangshalle (1964/65) und eine Kreuzigungsgruppe von Alfred Hrdlicka (1959–63).

Gottessiedlung zur hl. Erentrudis in Herrnau (Erentrudisstr. 5; s. Übersichtskarte): Da sich nach dem Zweiten Weltkrieg die ehemalige Auenlandschaft im Süden der Stadt in ein stark verdichtetes Siedlungsgebiet verwandelte, wurde dieses zur eigenständigen Pfarrei erhoben. Auf ehemaligen Gründen des Klosters Nonnberg wurde 1958–62 ein Komplex aus Kirche mit Pfarrhof (2010–11 umgebaut), Kloster und Kapelle errichtet. Das Kloster dient dem nach dem Zweiten Weltkrieg aus Böhmen vertriebenen Orden der Eucharistinnen. Der Schöpfer der Anlage war der österreichische Architekt Robert Kramreiter-Klein, ein Schüler von Peter Behrens, der das Ensemble bewusst als Ruhebezirk im Trubel der Stadt in zentrierenden und umschließenden Formen konzipierte. Das Patrozinium bezieht sich auf die erste Äbtissin von Stift Nonnberg. Pfarrzentrum und Kloster bilden zwei in sich abgeschlossene Einheiten, überhöht vom freistehenden Glockenturm. In der Kirche wölbt sich über einem Grundriss aus Kreissegmenten eine aus sphärischen Elementen zusammengesetzte Decke. Bestimmt wird der Raum vom monumentalen Glasfenster der Apsis von Margret Bilger mit einer zusammenfassenden Darstellung des Erlösungswerks in den Farben Rot, Gold und Blau. In der unteren Zone ist das Letzte Abendmahl mit der Einsetzung der Eucharistie dargestellt, darüber das Lamm Gottes und der wiederkehrende Christus als Gekreuzigter. Seitlich erscheinen Szenen aus dem Alten Testament (*Opfer Abrahams* und *Elia wird vom Engel gespeist*) und Neuen Testament (*Hochzeit zu Kana* und *Wunderbare Brotvermehrung*) und an der Westseite in einem Fries unter der Decke ein Engelzyklus. Das Relief auf der rechten Seite stellt die hl. Erentrudis und den hl. Rupert dar. Der monumentale Kreuzweg in der Unterkirche stammt von Joaquin Vaquero Turcios (1962). Die Taufkapelle im Norden der Kirche enthält ein Glasfenster von Karl Weiser mit Bezug zum Sakrament der Taufe. Das Taufbecken ist in Erinnerung an die Form des Untertauchens bei der Taufe im frühen Christentum im Boden vertieft angeordnet. Darüber erscheint die Taube des Hl. Geistes aus Bronze, um auf die Taufe Jesu und die Taufsymbolik hinzuweisen. Die Klosterkapelle über ovalem Grundriss verfügt über ein Glasfenster von Max Weiler.

Schloss Herrnau (Eschenbachgasse 21; s. Übersichtskarte): Das typische Salzburger Landschlösschen wurde 1631 errichtet und 1741–44 in seine jetzige Form umgebaut. Der dreigeschossige Bau mit Walmdach, Treppenturm und umliegendem Park ist nicht öffentlich zugänglich.

Hellbrunnerallee / Schloss Frohnburg (Hellbrunnerallee 53; s. Übersichtskarte): Das heute von der Universität Mozarteum genutzte Landschlösschen wurde um 1670/80 für Johann Josef Graf von Kuenburg anstelle eines älteren kleineren Baues errichtet. Am Schloss befindet sich der Arionbrunnen aus dem 3. Viertel des 17. Jh.s, an dem ein Delphin den Sänger Arion umschlingt, um ihn zu retten.

Schloss Emsburg (Hellbrunnerallee 52; s. Übersichtskarte): Der 1619/20 fast gleichzeitig mit Schloss Hellbrunn für Johann Sigmund von Mabon, den Leibgardehauptmann von Erzbischof Marcus Sitticus, errichtete Bau diente 1701–1811 dem Ruperti-Ritterorden als Sitz (deshalb Kreuzhof genannt).

1948–2014 war er Mutterhaus der Halleiner Schulschwestern, seither ist er im Besitz eines Salzburger Immobilienhändlers. Der blockförmige Bau auf einem hohen Terrassensockel und mit doppelläufiger Freitreppe ist von Obelisken bekrönt. Als Vorbild für diese in Salzburg unübliche Form wird die Villa Reale in Poggio a Caiano bei Florenz, errichtet von Giuliano da Sangallo, angenommen.

Schloss Emslieb (Hellbrunnerallee 65; s. Übersichtskarte): Der 1618/19 für den Neffen von Marcus Sitticus, Jakob Hannibal Graf von Hohenems, errichtete Bau weist heute eine durch zahlreichen Besitzerwechsel und entsprechende Umbaumaßnahmen vor allem des 18. Jh.s geprägte Form auf.

Schloss Hellbrunn (Hellbrunnerallee, Wasserspiele nur mit Führungen; s. Übersichtskarte): Das kleine Schloss ist vor allem für seinen Garten mit effektreichen Wasserspielen und den einzigen bis heute funktionierenden, mit Wasserkraft betriebenen Automaten aus der Zeit der Spätrenaissance berühmt. Auch die weitgehende Erhaltung der zahlreichen kunstvollen Grotten stellt nördlich der Alpen eine Ausnahme dar. 1613–15 ließ Erzbischof Marcus Sitticus anstelle eines kleinen »Lusthäusls« mit bereits bestehendem älterem Tiergarten im Gebiet des Hellbrunner Berges, an dessen Fuß mehrere Quellen entspringen, diese typisch spätmanieristische Anlage einer italienischen Villa suburbana errichten. Es handelte sich dabei um keine eigentliche Sommerresidenz. Das Schloss diente vor allem für Aufenthalte, Feste und Vergnügungen tagsüber und war mit der Stadt durch eine Allee verbunden. Hellbrunn wurde schnell berühmt und war spätestens seit dem 18. Jh. Bestandteil des touristischen Besichtigungsprogramms von Reisenden. Nicht ausgeführt wurde der Plan der 20er Jahre des 20. Jh.s, den Park südlich des Steintheaters in einen Festspielbezirk zu verwandeln. Hans Poelzig lieferte dafür Entwürfe.

Als Vorbilder für die Anlage werden vor allem die Medicivilla in Pratolino bei Florenz mit ihren Grotten und Wasserautomaten, die Villa Lante in Bagnaia, die Villen Aldobrandini und Mondragone in Frascati, die Villa d'Este in Tivoli und die Villa Lainate bei Mailand genannt. Doch auch Sebastiano Serlios Architekturtraktat stellt eine wichtige Anregungsquelle dar. Die Forschung ist darin einig, dass als urkundlich nicht belegter Architekt nur der Hofbaumeister Santino Solari in Betracht kommt. Das **Schloss**, in das Teile des Vorgängerbaus integriert sind, besteht aus einem schlichten Rechteckbau mit doppelläufiger Freitreppe mit darunterliegender Grotte, flachen seitlichen Risaliten und Seitenflügeln auf der Ehrenhofseite und einem stärker vorspringenden Mittelrisalit und Eckpavillons zum Garten hin. Es ist mit einem Walmdach gedeckt. Fensterbedachungen weisen im zweiten Obergeschoss Dreiecksgiebel auf. Die zum Teil nach einem Brand 1660 etwas veränderten Seitenflügel des hufeisenförmigen Hofes enthalten u. a. eine Orangerie und die Karl Borromäus geweihte Kapelle. Deren stilistisch dem Manierismus zuzuordnendes Altarbild mit der *Auferstehung Jesu Christi* von Arsenio Donato Mascagni befindet sich heute allerdings in der Pfarrkirche von Siezenheim. Im Inneren des Schlosses diente der Carabinierisaal im Erdgeschoss, durch Friese mit Kampfszenen nach Giulio Romano dekoriert, der Wachmannschaft. Im Obergeschoss mit seinen Fürstenzimmern gelangt man über den ehem. Speisesaal mit einem Bildnis des Bauherrn und dem Zimmer der Sonnenblume in den Festsaal. Seine reiche Dekoration in Ölmalerei auf Kalkputz wurde von Mascagni ausgeführt (um 1615). Die Architekturmalerei in Anlehnung an zeitgenössische italienische Villendekorationen im Veneto und in Rom (Villa Farnesina) stellt zwischen Pfeilern und Säulen, die zwischen illusionierender architektonischer Gliederung und dargestellter Bildarchitektur changieren, 12 goldene römische Kaiserstatuen in

Nischen und zwei perspektivische Architekturprospekte mit Ausblick in Straßen mit höfischen Figuren dar. Die Stadtlandschaft der einen Seite erinnert etwas an Florenz, die Darstellung der venezianischen Markuskirche auf der gegenüberliegenden Wand steht wohl in Bezug zum Namenspatron des Auftraggebers. Über der mit weiblichen Tugendpersonifikationen bevölkerten Galerie setzt sich die Scheinarchitektur fort, in deren Zentrum der Genius des Ruhmes erscheint. So wie die Kaiserstatuen als herrscherliche Vorbilder zu verstehen sind, so gilt es für den Herrscher auch, die dargestellten Tugenden anzustreben und so Ruhm zu ernten. Über einer der Türen im Südosten befindet sich in Latein das Motto »Göttliche Macht verbindet selbst das Auseinanderliegende«, das anschaulich auch im immer wieder auftauchenden Allianzwappen aufscheint, in dessen Schild sich Löwe (Erzstift) und Steinbock (Bauherr) umarmen. Im anschließenden Oktogon, dem ehemaligen Musikzimmer mit Kuppel und Laterne, öffnen sich die Wände zu weinlaubumwundenen Säulenhallen in bühnenbildartigen Perspektiven mit höfischen Musik- und Tanzszenen. In den illusionierten Deckenöffnungen sind Vögel dargestellt, ein Fasan, ein Adler, ein Pelikan und ein Sperber, darüber acht allegorische Frauengestalten, die wieder Tugenden symbolisieren. Eine Dekoration mit illusionistischer Raumerweiterung und der Verzicht auf eine Stuckierung des Gewölbes waren damals nördlich der Alpen neu. Von der übrigen Schlossausstattung aus der Erbauungszeit wie den blau-, rot- oder grüngoldenen Ledertapeten an den Wänden, den grünen Butzenscheiben der Fenster und dem wertvollen Mobiliar blieb fast nichts erhalten. Beachtenswert sind das Porträt von Erzbischof Marcus Sitticus mit zwei Bildern im Bild, die ihn als Bauherrn von Dom und Schloss Hellbrunn ausweisen, von Mascagni (1618), und ein kostbarer Kachelofen von Friedrich Strobl d. J. im ehem. Speisezimmer. Besonders hingewie-

Hellbrunn, Römisches Theater

sen sei auch noch auf die nach Hellbrunn übertragenen chinesischen Papiertapeten des 18. Jh.s und zahlreiche Jagd- und Tierbilder.

Der ab 1617 angelegte, spätestens 1619 vollendete und ursprünglich zur Gänze von Mauern umgebene **Park** aus Lust- und Ziergarten mit Übergang zum Wald wurde im Bereich des Wasserparterres um 1730 vermutlich nach Plänen Franz Anton Danreiters umgestaltet und um 1790 im nördlichen Bereich durch die Anlage eines englischen Landschaftsgartens anstelle des alten Obstgartens ergänzt. Mit dem Aufkommen der Gartenkunst in der Renaissance waren Brunnen, Wasserspiele, Grotten, Volieren und Tierhaltungen ein wichtiges Gestaltungselement für die Umgebung von Schlössern geworden, deren Architektur sich nun auch verstärkt zum Freiraum hin öffnete. Erst gegen Ende des 16. Jh.s war es auch allgemeiner üblich, einen Park mit frei aufgestellten Statuen mythologischen Inhalts zu schmücken. So finden sich in Hellbrunn noch aus der Erbauungszeit zahlreiche Wasserspiele, Wasserautomaten, Grotten und Statuen. Vom sog. Römischen Theater mit Statuen von Roma Victrix, Augustus und gefangenen Germanenfürsten und dem Fürstentisch davor führt der Weg an skulpturengeschmückten Teichen entlang über die Orpheusgrotte mit der Gruppe von Orpheus und der schlafenden Eurydike, über eine Narrengruppe, Statuen von Bacchus und einer Wassergöttin, den Weinkeller und den Sternweiher mit ringenden Tritonen und Kaskaden zum Brunnen Altemps mit Statuen der vier Jahreszeiten und von Perseus und einem römischen Krieger im Inneren. Anschließend gelangt man zu den Hauptgrotten im Souterrain des Schlosses. Man betritt zuerst die Neptun- oder Regengrotte mit einer Marmorgruppe des Meeresgottes Neptun mit Meerrossen. Den Schmuck bilden Stuckarbeiten und Tuffstein- und Muschelwerk. Von einem Wasserautomaten wird das Augen rollende und die Zunge herausstreckende »Germaul« betrieben. Zu beiden Seiten schließen sich zwei weitere Grotten an, im Norden die Muschelgrotte und die als verfallen künstlich illusionierte Ruinengrotte und im Süden die Spiegelgrotte (erneuert) und die Vogelsanggrotte mit hydraulisch erzeugten Vogelstimmen. Auf dem anschließenden Weg folgen kleine Wasserautomaten, die Venusgrotte, eine Dianastatue, eine Wildschweingruppe, die Steinbockgrotte mit einem »Meerbock« und die Grotte der Diana. Das mechanische Theater mit 245 Figuren, darunter 138 beweglich, die Berufe und Stände wiedergeben, wurde erst 1749–52 unter Erzbischof Andreas Jakob Dietrichstein errichtet. Den weiteren Weg säumen u. a. eine Minervastatue, der Merkurbrunnen mit einer kleinen Aktäonsgruppe im Becken und der Merkurstatue im Hintergrund, der Eurydikebrunnen, die Grotte des sog. Forstteufels, der Neptunbrunnen und die Saiblingsstube mit der sog. Moosgöttin. Ein eigener Pavillon mit Tuffstein- und Majolikafliesenverkleidung enthält die Kronen- oder Midasgrotte mit einer von einem Wasserstrahl gehobenen Krone, die ursprünglich auf einem antiken Löwenkopf-Tischfuß ruhte, und der Skulpturengruppe *Apoll schindet Marsyas* in einer Wandnische. Der heutige Ziergarten mit Wasserparterres und einer Florastatue geht in Teilen auf die Umgestaltung unter Franz Anton Danreiter zurück, wurde aber auch nachfolgend noch mehrfach verändert. Um 1730 wurde auch die auf Schloss Goldenstein ausgerichtete zweite Allee angelegt. In Hellbrunn gibt es keine originalen Antiken, aber viele Statuen halten sich an antike Vorbilder, die wohl vor allem über Druckgrafik vermittelt wurden. Als Bildhauer der Statuen sind u. a. Hans Waldburger, Hieronymo Preosto, Bernardo Zanini und wohl auch Hans Konrad Asper zu nennen. Die Malereien in den Grotten stammen wie auch die Dekoration im Schlossinneren von Arsenio Donato Mascagni. Auch als Brunnenmeister und Automatentechniker berief Marcus Sitticus Künstler aus Italien. In den Schauwänden und Kleinarchitekturen lassen sich stilistisch lombardische Einflüsse erkennen. Auch hier wird Santino Solari als Architekt angenommen. Nicht mehr erhalten, aber ursprünglich die Anlage ergänzend, befand sich im Südosten des Parks zusätzlich ein Bereich mit Kreuzwegkapellen, Kreuzen mit den Leidenswerkzeugen Jesu Christi und Eremitorien mit Terracottafiguren berühmter Einsiedler. Sie wurden schon ab 1734 beseitigt. Als Vorbild dafür werden die unter Einfluss von Carlo Borromeo entstandenen Sacri Monti im nördlichen Italien angeführt. Die Einbeziehung in einen Schlosspark wie in Hellbrunn war aber äußerst ungewöhnlich. Der Garten von Hellbrunn bestand somit ursprünglich aus einem Bereich zur Unterhaltung und Belustigung und einem Bereich der Kontemplation, zum Teil auch im Ruinencharakter oder in Versteinerungen miteinander verwoben, so dass sich hier die Stellung des Auftraggebers als geistlicher und weltlicher Herrscher, als Bischof und Fürst spiegelt. Schloss und Garten zeigen den Bauherrn darüber hinaus als Förderer der Künste und Beherrscher der Naturkräfte. Die Deutungen des ikonographischen Gesamtprogramms der Anlage von Schloss Hellbrunn reichen von einer Umsetzung des Monatsbildes des Frühlings über den Garten der Hesperiden bis zu Hellbrunn als Reich des Saturn. Eindeutiges Quellenmaterial für einen zugrundeliegenden Concetto hat sich nicht erhalten. Zum Parkbereich gehörte auch noch eine Menagerie, ein Fasangarten mit Jägerhaus und der Kaninchenberg mit zahmen Adlern und Schildkröten. Am Abhang des Hellbrunner Berges ließ Marcus Sitticus 1616 im natürlichen Felsen unter Ausnützung eines Steinbruchs das **Steintheater** anlegen, ein Freilichttheater, das Natur und Kunst verbindet. Auf dem Hellbrunner Berg steht das **Monatsschlösschen**, ein kleines Jagdschloss, das der legendären Überlieferung nach in nur einem Monat Bauzeit 1615 aus Anlass des Besuches von Erzherzog Maximilian von Österreich wohl durch Santino Solari errichtet wurde. Zu Ehren des Bauherrn besaß es ursprünglich den Namen Waldems. Heute befindet sich hier das zum Salzburg Museum gehörende Volkskundemuseum. Insgesamt gehört der Garten mit seiner einer Kunst- und Wunderkammer im Freien gleichenden Anlage, seinem Triumph der Kunst über die Natur, seinen abwechslungsreichen Bereichen und zahlreichen Überraschungen zu den Höhepunkten manieristischer Gartengestaltung.

Morzger Pfarrkirche St. Vitus (Morzg, Gneiserstraße; s. Übersichtskarte): Ein kleines Juwel stellt die Morzger Pfarrkirche mit ihrer harmonischen Einheit von gotischer, barocker und moderner Ausstattung dar. Der heutige Bau resultiert aus dem barocken, weitgehend einem Neubau gleichenden Umbau einer gotischen, aber in ihrer Gründung vermutlich bis ins

9. Jh. zurückreichenden Kirche. Morzg stellt altes Siedlungsgebiet dar, dessen Besiedlungsgeschichte noch weit über die Römerzeit und die Kelten zurückreicht. Als entwerfender Architekt des Kirchenbaus wird Giovanni Antonio Dario vermutet (1683–99). Der spätgotische Turm von 1515–20 erhielt 1764 seinen barocken Zwiebelhelm. An der Außenmauer hat sich ein eingemauerter römischer Grabaltar (2./3. Jh.) erhalten. Im Inneren bildet der spätgotische Flügelaltar von etwa 1480, der sich als einziger in Salzburg noch an seinem ursprünglichen Bestimmungsort befindet, einen besonderen Anziehungspunkt. Die Schreinfiguren stellen die Hll. Georg, den Kirchenpatron Veit (Vitus) und Leonhard dar. Die Reliefs der Flügelinnenseiten zeigen Szenen aus dem Leben des hl. Veit, die Tafelbilder auf der äußeren Werktagseite die Himmelfahrt Maria Magdalenas und die Martyrien der Hll. Ursula, Sebastian und Achatius mit den Zehntausend. Auf der Predella erscheint Christus zwischen den Aposteln. Die seitlichen Statuen der Hll. Nikolaus und Sebastian sind neugotische Ergänzungen. Die im Altarraum befindliche Tafel mit dem Bethlehemitischen Kindermord hängt dagegen stilistisch eng mit dem Hochaltar zusammen und soll von einem Altar auf der Emporenstiege stammen. Johann Friedrich Pereth schuf die von Salzburger Adelsfamilien gestifteten Altarblätter des linken Seitenaltars (Maria mit den fürbittenden Hll. Erasmus, Barbara, Rupert und Virgil) mit den Hll. Johannes dem Täufer und Rochus im Oberbild und des rechten Seitenaltares (Hl. Familie mit den Hll. Antonius von Padua und Franz de Paula) mit den Hll. Sebastian und Florian im Oberbild (um 1686). Die Landschaften auf den beiden Altarblättern zeigen die Besitzungen der Auftraggeber, die Frohnburg links und Morzg mit der Emsburg rechts. Die im Chorbogen angebrachte Marienstatue im Rosenkranz wird um 1700 datiert, ebenso stammt der weitere Statuenschmuck in der Kirche aus dem 17. und 18. Jh. Die baro-

cken Gemälde der Emporenbrüstung geben die vier Evangelisten, Kirchenväter, Heilige, die Letzten Vier Dinge und die Krönung Mariens in der Mitte wieder. Besonders bekannt ist die Kirche für ihre modernen Gewölbemalereien in Seccotechnik, ausgeführt vom österreichischen Maler Anton Faistauer 1922/23 mit Szenen aus dem Marienleben und Darstellungen der Hll. Margarete, Barbara, Katharina, der Gottesmutter, Notburga, Agnes und Cäcilia.

Äußere Stadtbereiche rechts der Salzach: Gnigl, Parsch, Aigen

Robinighof (Robinigstraße 35; II G1): Der 1648 im Schallmoser Entwässerungsgebiet erstmals genannte Hof im Besitz des Domkapitels wurde 1748 von Josef Robinig von Rottenfeld erworben und um 1750 nach Plänen Franz Anton Danreiters zu einem Rokokoschlösschen umgebaut. Den Bau ziert ein Mittelrisalit mit reich geschwungenem Gesims und Giebel. Die Fenster sind mit Rocaillestuckornamenten umrahmt. Das Medaillon über dem Balkonportal stellt den hl. Josef dar. Im Inneren haben sich klassizistische Wandmalereien erhalten.

Gnigler Pfarrkiche Mariä Himmelfahrt und **St. Michael** (Eichstraße; s. Übersichtskarte): Als im dem hl. Michael geweihten Vorgängerbau 1697/98 eine Kopie des Gnadenbildes Maria Pötsch (ehemals Ungarn, seit 1696 in St. Stephan in Wien) aufgestellt wurde, entstand hier eine lokale Wallfahrt. Außerdem erhielt Gnigl 1699 zusammen mit Aigen eine eigene Kuratie. So wurde ein größerer Kirchenbau notwendig, der 1730–34 unter der Leitung von Tobias Kendler errichtet und 1738 geweiht wurde. Es handelt sich um einen tonnengewölbten Saalbau mit Einturmfassade und Zwiebelhelm. Bedeutend ist die Ausstattung, die weitgehend auf Salzburger Hofkünstler zurückgeht. Den Bandwerkstuck schuf der Vorarlberger Johann Kleber (1733) und Sebastian Stumpfegger, der möglicherweise auch an der Bauplanung beteiligt war, den aufwendigen Hochaltar (1738). Jacob Zanusi lieferte die Altarbilder und Josef Anton Pfaffinger und seine Werkstatt die Skulpturen. Zanusi malte für den Hochaltar den *Hl. Michael im Kampf gegen Luzifer* mit der Darstellung der *Hl. Dreifaltigkeit* als Aufsatzbild. Über dem Tabernakel ist das Gnadenbild Maria Pötsch angebracht. Die Statuen der Apostel Petrus und Paulus von Pfaffinger sind in enger Anlehnung an die Statuen Michael Bernhard Mandls vor der Domfassade entstanden. Für den linken Seitenaltar stellte Zanusi *Die sieben heiligen Zufluchten* dar (Hl. Dreifaltigkeit, hl. Altarsakrament, Engel, der Gekreuzigte, Maria, die Heiligen – besonders hervorgehoben der Salzburger Bistumspatron Rupert –, Arme Seelen) und als Aufsatzbild den hl. Josef. Die seitlichen Statuen zeigen die Hll. Florian und Georg, die silbergefassten auf der Mensa Rupert und Virgil. Das Bild des rechten Seitenaltars, ebenfalls von Zanusi, gibt den hl. Johannes Nepomuk mit Engeln wieder und das Aufsatzbild den hl. Antonius. Die Statuen geben die gegenreformatorischen Hll. Ignatius von Loyola und Karl Borromäus wieder und auf der Mensa Franz Xaver und Nikolaus. Das Triumphkreuz wird von der Mater dolorosa und Johannes dem Evangelisten ergänzt. Die 1733 entstandene Kanzel mit Reliefs der vier Evangelisten und Engeln mit den Symbolen von Glaube (Kelch), Hoffnung (Anker) und Liebe (Herz) gilt als Arbeit der Pfaffinger-Werkstatt. Der Engel darüber weist auf das Jüngste Gericht. Die Statuen an den Langhauspilastern stellen die Hll. Antonius, Johannes Nepomuk, Franziskus und Leonhard und gegenüber der Kanzel Maria Immaculata dar und werden ebenfalls der Pfaffinger-Werkstatt zugeschrieben.

Der 1696 um die Kirche errichtete Friedhof bewahrt noch ein altes Beinhaus (um 1740) mit einem barocken Kulissenaltar mit dem Gekreuzigten, dem Fegefeuer und Personifikationen von Glaube und Hoffnung. An den Wänden befinden sich Behältnisse für Totenschädel.

Schloss Neuhaus (Kühbergstr. 1; s. Übersichtskarte): Um 1200 errichtet, wurde das heute in deutschem Privatbesitz befindliche Schloss Neuhaus durch Erzbischof Eberhard III. ab 1424 zu einem befestigten Sommersitz ausgebaut. Ab 1508 befand sich hier der Sitz des Pfleggerichtes. Im 18. Jh. war das Schloss vermietet, 1811 wurde es als ehem. bischöflicher Besitz versteigert. Nach einem mehrfachen Besitzerwechsel renovierte Oswald Graf Thun das Schloss 1851 und veränderte es in historisierender Weise. Auf diese Zeit gehen die neugotischen Zinnen zurück.

Borromäum (Gaisbergstr. 7; s. Übersichtskarte): Als Knabenseminar für zukünftige Priester wurde das Borromäum, heute erzbischöfliches Privatgymnasium, 1848 von Erzbischof Friedrich Fürst Schwarzenberg gegründet, der es im Lodronschen Primogeniturpalast (heute Universität Mozarteum) unterbrachte. Aus Platzgründen kam es 1910–12 zum Neubau des Borromäums durch den Linzer Dombaumeister Matthäus Schlager. Die im Zentrum des Gebäudes platzierte und im Stil der Florentiner Frührenaissance errichtete Kapelle wurde von Karl Pirich, einem Schüler Otto Wagners, und Melchior Abfalter gestaltet.

Parscher Pfarrkirche Zum Kostbaren Blut (Geißmayerstraße 6; s. Übersichtskarte): Die als erster moderner Kirchenbau Österreichs 1954–56 durch den Umbau des Weichselbaumhofes, dessen Außenmauern zum Teil beibehalten wurden, entstandene Kirche errichtete die Arbeitsgruppe 4, die Architekten Wilhelm Holzbauer, Friedrich Kurrent und Johannes Spalt, alle Schüler von Clemens Holzmeister. Die alten Stallungen mit Gewölbe wurden in den Neubau einbezogen und bilden den Gemeindebereich mit niederer Höhe. Der Altarraum unter einem steilen Pultdach mit offenem Glockenstuhl und Verglasung öffnet sich dagegen zu lichtdurchfluteter Höhe (Volksmund: Seilbahnstation Gottes). Diese Offenheit der Architektur sollte noch vor dem II. Vatikanischen Konzil bewusst eine Öffnung der Kirche symbolisieren. Auch der Altar ist von allen Seiten frei gestellt. Die sehr asketische Ausstattung der Kirche vereint Arbeiten bedeutender österreichischer Künstler der Moderne. Der aus kubischen Elementen gebildete Kruzifixus über dem Portal ist ein Werk von Fritz Wotruba.

Das Altarkreuz stammt von Jakob Adlhart. Oskar Kokoschka lieferte den Entwurf für die in Beton geritzten Darstellungen des Sündenfalls von Adam und Eva und der Taufe Jesu am Südportal, ausgeführt von Rudolf Karl Fischer. Die abstrakten Betonglasfenster, die die Menschwerdung des *logos* und die Auferstehung veranschaulichen sollen, stammen von Josef Mikl.

Bildungshaus St. Virgil (Ernst-Grein-Str. 14; s. Übersichtskarte): Das Zentrum für Erwachsenenbildung der Erzdiözese Salzburg entstand 1971–76 nach von 1964 an entwickelten Entwürfen von Wilhelm Holzbauer. 1984 und 1995–2000 kam es zu Erweiterungsbauten und Umgestaltungen durch den ursprünglichen Architekten. Im Foyer befindet sich eine Plastik des hl. Virgil von Josef Zenzmaier (1976). Die Emmaus-Kapelle wurde durch Josef Mikl, das Lernatelier durch Peter Pongratz mit Wandbildern ausgestattet. Weitere künstlerische Arbeiten im Haus stammen von Josef Nauer und Wolfgang Hollegha. Der Skulpturenpark zeigt Arbeiten der Bildhauer der Steinbildhauersymposien im Rahmen der Internationalen Sommerakademie für bildende Kunst aus den Jahren 1989–93.

Kolleg St. Josef (Gyllenstormstr. 8; s. Übersichtskarte): Wie die Parscher Pfarrkirche wurde auch dieses Kolleg, das Ordenshaus der Missionare vom Kostbaren Blut, 1961–64 nach einem Entwurf der Arbeitsgruppe 4 im Park der ehem. Villa Trapp errichtet. Der Stahlbau gehört mit seiner geglückten Verbindung von Klosterbautradition und Moderne zu den herausragenden Bauten der Nachkriegsarchitektur in Österreich.

Aigener Pfarrkirche zum hl. Johannes dem Täufer (Graf-Revertera-Allee; s. Übersichtskarte): Die urkundlich in die Spätgotik zurückreichende Kirche besteht heute aus einem barocken Bau von 1689, der 1909–11 zur Erweiterung nach dem Entwurf von Franz Wagner durch einen Neubau kreuzförmig durchschnitten wurde. Die größtenteils neobarocke Ausstattung geht auf diese Umbaumaßnahme zurück.

Schloss und Park Aigen (Schwarzenbergpromenade 42; s. Übersichtskarte): Der ursprünglich dem Domkapitel gehörende Herrensitz wurde 1402 erstmals urkundlich erwähnt. Seine heutige Außenerscheinung ist jedoch vor allem von Umbauten und Veränderungen vom frühen 17. bis zum 19. Jh. geprägt. Berühmt war der zugehörige Naturpark. Ursprünglich gehörte ein im 16. Jh. wegen seiner Heilwirkung gepriesenes Wildbad zum Schloss. Mitte des 17. Jh.s wurde um diese Quellen ein Park angelegt, der im 18. Jh. mehrfach umgestaltet wurde. Unter den dem Illuminatenorden angehörenden Besitzern Basil von Aman und nachfolgend Anton Willibald Wolfegg wurde die Anlage mit heute größtenteils nicht mehr erhaltenen Denkmälern, künstlichen Ruinen, Grotten und einem Freundschaftsaltar bereichert und in Anlehnung an freimaurerische Konzepte in einen Englischen Landschaftspark verwandelt. Eine Grotte im Aigner Park wurde zum Treffpunkt der Illuminatenloge Apollo. Spätere Besitzer, vor allem Ernst Fürst Schwarzenberg ab 1804, erweiterten den Park zu einem romantischen Landschaftsgarten. Schwarzenberg machte ihn öffentlich zugänglich, und so wurde der Park nach dem Motto »Soll die Natur sich groß dir zeigen, so ziehe freudig hin nach Aigen« zu einem Anziehungspunkt in Salzburg. Maler hielten ihn in Bildern und Grafiken fest, Dichter besangen ihn, und die Reiseliteratur der Zeit zählte ihn zu den Hauptsehenswürdigkeiten der Stadt.

Schloss Flederbach (Rettenpacherstr. 8; s. Übersichtskarte): Die heutige Anlage des urkundlich bereits 1360 erwähnten Gutes stammt aus den Jahren um 1550. Der turmartige Rechteckblock mit steilem Walmdach und sechseckigen Aufsatztürmchen ist in seiner Form typisch für die Salzburger Landsitze (nicht zugänglich).

Umgebung

♦ **Wallfahrtskirche Maria Plain** (Gemeinde Bergheim; s. Übersichtskarte): In Regen in Niederbayern überstand 1633 während des Dreißigjährigen Krieges ein Marienbild (frühes 17. Jh.) auf wunderbare Weise die Brandschatzung des Ortes durch die Schweden. Dieses Bild eines unbekannten Malers wurde von Argula von Grimming erworben. 1652 brachte es ihr Sohn Rudolf auf seine Besitzungen auf dem Plainberg bei Salzburg, wo es rasch von der Bevölkerung als Gnadenbild verehrt wurde und wunderbare Heilungen bewirkte. 1653 wurde das Original in der damals errichteten kleinen Holzkapelle durch eine Kopie von Johann Franz Pereth ersetzt, damit Rudolf von Grimming das Bild auf seinen Reisen mitführen konnte. Das originale Gnadenbild kehrte erst 1676 wieder auf den Plainberg zurück. Doch bereits 1671 wurde durch Erzbischof Max Gandolph Kuenburg der Grundstein für einen großen Kirchenbau nach Plänen von Giovanni Antonio Dario gelegt, da die hölzerne Kapelle von 1657 dem Pilgerstrom nicht mehr gewachsen war. Die Weihe der Wallfahrtskirche mit dem Patrozinium Mariä Himmelfahrt fand 1674 statt. 1681 erfolgte die Gründung der Bruderschaft »Maria Trost« durch die Benediktiner der Salzburger Universität, deren Obsorge die Kirche bis 1810 anvertraut war. 1685–92 wurden die Kreuzigungsgruppe (Wolf Weissenkirchner d. J., 1685, Assistenzfiguren erst 1840) und die Kalvarienbergkapellen errichtet, die die fünf Geheimnisse des schmerzhaften Rosenkranzes thematisieren. Ebenfalls 1692 entstand die Heilig-Grab-Kapelle mit einer Nachbildung des Hl. Grabes in Jerusalem. Die Statue des hl. Benedikt wurde 1709 auf dem Vorplatz aufgestellt. 1732 kam das originale Gnadenbild, das von 1698 bis 1731 in der Schatzkammer aufbewahrt worden war, wieder auf den Hochaltar der Kirche, 1751 erfolgte seine »Krönung« als Dank dafür, dass

Wallfahrtskirche Maria Plain

Salzburg von Kampfhandlungen im Österreichischen Erbfolgekrieg (1740–48) verschont geblieben war. Die Ursprungskapelle wurde 1710 erneuert und erhielt 1742 ein Deckenfresko. 1728–34 erbaute Sebastian Stumpfegger die Schmerzkapelle, im Inneren mit einer Pietà von Johann Franz Schwanthaler (1730). Des Weiteren führen von der Kreuzung Rainerstraße–Elisabethstraße in Salzburg 15 Votivsäulen mit Darstellungen der Mysterien des Rosenkranzes nach Maria Plain (um 1705). Die Statue des hl. Johannes Nepomuk auf der Plainbrücke stammt von Josef Anton Pfaffinger (1733).

Die heutige **Ursprungkapelle** wurde erst 1710 durch Sebastian Stumpfegger anstelle des ursprünglich hölzernen Baus errichtet. Im Altar befindet sich die Pereth-Kopie des Gnadenbildes (1653). Die Decke ziert ein Fresko von Johann Zick mit der Darstellung von Rudolf von Grimming im Gebet vor dem Gnadenbild (1742). Die Statuen der Hll. Rochus und Sebastian entstammen der Mitte des 18. Jh.s. In vereinfachender Anlehnung an den Salzburger Dom besitzt die **Wallfahrtskirche** eine Doppelturmfassade mit mittlerem Giebel und toskanischer Pilastergliederung. Die Türme werden von welschen Hauben bekrönt. Die überlebensgroßen Statuen in den Nischen stellen die vier Evangelisten Matthäus (o. l.), Markus (o. r.), Lukas (u. l.) und Johannes (u. r.) dar. Sie werden Hans Pernegger d. J., aber auch der Waldburger-Werkstatt zugeschrieben. Das Relief über dem Hauptportal und dem Wappen von Max Gandolph in dessen Giebel zeigt Maria mit dem Kind. Im **Inneren** wird der Wandpfeilersaal mit Kapellen und darüberliegenden Emporen von einer Tonne überwölbt. Er besitzt einen stark eingezogenen Chor und eine zweistöckige Musikempore. Das Presbyteriumsgitter von 1684/85 wurde von Johannes Thomas gefertigt. Der Aufbau des Hochaltares, gestiftet von Max Gandolph, geht auf Jakob Gerold zurück (1674). Das gleichzeitige Hochaltarbild von Frans de Neve stellt die

Himmelfahrt Mariens dar. Im Auszug erscheint die Hl. Dreifaltigkeit von der Hand desselben Künstlers. Die Statuen geben Salzburger Heilige wieder – Rupert mit Salzfass (o. l.), Vital mit Lilie (u. l., Nachfolger Ruperts), Virgil mit Dommodell (o. r.) und Maximilian mit Schwert (u. r.). Vor dem Altarbild erscheint in einem üppigen Strahlenkranz von der Hand des Hofgoldschmieds Josef Anton Zwickl (1732) das Gnadenbild in einem älteren Silberrahmen von Hans Caspar Ainhorn (1679). 1751 kamen noch die Krone und die Rocailleornamente im Strahlenkranz hinzu. Der rechte Seitenaltar ist dem hl. Josef geweiht. Die Ausführung nach einem Entwurf Giovanni A. Darios mit Engeln in Anlehnung an Berninis Altargestaltungen übernahm Thomas Schwanthaler (1673/74). Das Altarbild zeigt das Verlöbnis Mariens, das Rundbild mit der Flucht nach Ägypten stammt wieder von Frans de Neve. Die Kreuzigungsdarstellung im ähnlich aufgebauten linken Seitenaltar, dem Heilig-Kreuz-Altar, malte François von Roethiers (1724), der Auferstandene darüber stammt von Frans de Neve (1674). Die beiden großen Engel an den Seiten wurden nach dem Vorbild des Josefs-Altares geschaffen. In den Predellen der beiden Altäre befinden sich Reliquien von Katakombenheiligen.

Die **Seitenkapellen** auf der rechten Seite sind den 14 Nothelfern (Eingangsseite, Altaraufbau nach Entwurf Giovanni Antonio Darios, Altarbild der 14 Nothelfer von Frans de Neve, Rundbild mit Maria und ihren Eltern Joachim und Anna, Statuen der Apostel Petrus und Paulus von Wolf Weissenkirchner d. J.) und der Hl. Sippe (Chorseite, Altaraufbau mit Statuen der Hll. Kilian, Wolfgang, Meinrad und Benedikt von Thomas Schwanthaler, Altarblätter mit der Darstellung der Hl. Sippe und darüber Gottvater von Christoph Lederwasch) geweiht. Die Seitenkapellen auf der linken Seite enthalten den Hl.-Familie-Altar (Eingangsseite, 1676, Altarbild von Johann Friedrich Pereth, Rundbild mit dem Jesusknaben als Sieger über das

Böse und Statuen der Hll. Johannes der Täufer links und Johannes der Evangelist rechts von Simeon Fries) und den Benedictus-Altar (Chorseite, 1676, das Altarbild mit der Hl. Familie zwischen den Hll. Benedikt und Scholastika kopiert nach Michael I. Coxie, das Rundbild mit einer Vision des hl. Benedikt, die Statuen der Hll. Maurus und Placidus von Thomas Schwanthaler). Beachtenswert sind auch noch die vor dem Triumphbogen hängende, in Silber gefasste Statue der Rosenkranzkönigin (1675), die Kanzel von 1682 mit der Geschichte des Gnadenbildes in Grisaillemalerei, die Immaculata-Statue im Wessobrunner Typus von Simeon Fries (um 1682), Statuen des Schmerzensmannes und der Mater dolorosa (beide wohl vom Meister der Hallstätter Kreuzigung, um 1710), die Statuen der Hll. Gertrud von Nivelles und Johannes Nepomuk an den Pfeilern der Orgelempore (Simeon Fries zugeschrieben, 1704), das Bild Johannes der Evangelist und Maria unter dem Kreuz beim Orgelaufgang von Johann Martin Schmidt gen. Kremser Schmidt und acht Wandbilder vom selben Künstler mit Szenen aus dem Leben der Hll. Benedikt, Maurus, Placidus und Wolfgang (1765). Die Kreuzwegbilder in den Seitenkapellen werden in die zweite Hälfte des 18. Jh.s datiert. Beichtstühle mit schönen Marketerien von Simon Thaddä Baldauf und Schnitzereien von Johann Georg Hitzl (um 1760) ergänzen die Ausstattung. Auch das Kirchengestühl entstammt der Erbauungszeit. Der Prospekt der ehemals von Christoph Egedacher gefertigten Orgel wird ebenfalls Simeon Fries zugeschrieben.

Schloss Söllheim und Kapelle zum hl. Antonius von Padua (Hallwang; s. Übersichtskarte): Die heutige, in Privatbesitz befindliche Anlage des ursprünglich mittelalterlichen, bereits im 12. Jh. urkundlich erwähnten Landsitzes geht auf Johann Kaufmann als Bauherrn zurück. Die aufgrund eines Gelübdes nach der Rückkehr eines vermissten Pfefferschiffes von Kaufmann gestiftete längsovale Wallfahrtskapelle mit Kuppel und Dachreiter wurde 1685/86–94 vermutlich nach einem Entwurf des Salzburger Hofbaumeisters Giovanni Gaspare Zuccalli errichtet. Der polychrome Stuck im Inneren wird der Brenno-Werkstatt zugeschrieben. Die Fresken zeigen Szenen aus dem Leben des hl. Antonius von Padua. Das Altarbild mit dem Kichenpatron wird Johann Friedrich Pereth zugeschrieben (1686). Im ehem. Mesnerhaus befindet sich heute ein Restaurant. Die Johannes-Nepomuk-Statue gegenüber der Kapelle wurde 1727 von Josef Anton Pfaffinger geschaffen.

Schloss Kleßheim (Casino Salzburg, Wals-Siezenheim; s. Übersichtskarte): 1690 erwarb Erzbischof Johann Ernst Thun den kleinen Adelssitz Kleshof mit Jagdgebiet. 1694 errichtete hier Johann Bernhard Fischer von Erlach das sog. Hoyos-Stöckl (früher Fasanenhaus), 1700–09 folgte das damals Favorita genannte Schloss, doch wurde der Bau nach 1709, dem Todesjahr des Bauherrn, weitgehend eingestellt. Erst 1732 unter Erzbischof Leopold Anton Firmian folgte die Vollendung der Anlage in vereinfachter Form. Die vier liegenden Hirsche von Josef Anton Pfaffinger (1732) an der erst damals verwirklichten Auffahrtsrampe erinnern als dessen Wappentiere an den Bauherrn Firmian. Der Gartenbereich bestand aus einem Wirtschaftsgarten mit Meierhof (heute Landwirtschaftsschule), einem Ziergarten in französischem Stil mit Statuen und Springbrunnen und dem Fasanengarten zum Jagen mit dem Hoyos-Stöckl als Belvedere. Unter Erzbischof Hieronymus Colloredo wurde der Ziergarten größtenteils in einen englischen Landschaftsgarten verwandelt. Im 19. Jh. im Besitz der Habsburger, wurde 1880 der Wiener Ringstraßenarchitekt Heinrich von Ferstel mit der Errichtung des heute stark veränderten Kavaliershauses (»Winterschloss«, heute zur Tourismusschule gehörend) betraut. In der Zeit des Nationalsozialismus diente das Schloss als Gästehaus. Auf der Westseite wurde eine massive Terrasse angebaut, der Park rebarockisiert und die Toranlage mit Adlern bekrönt. 1993 übersiedelte das Casino Salzburg in das Schloss. Der Park ist mittlerweile durch die Anlage eines Golfplatzes weitgehend zerstört. Vom Typus ist Kleßheim ein kleines Landschloss, ein Jagdschloss, kein eigentliches Lustschloss. Es ist achsial auf die Müllner Kirche ausgerichtet, und im zugehörigen Park gab es auch eine Sichtachse nach Maria Plain. Ursprünglich war das Schloss mit einem Belvedere mit durchgehenden offenen Arkaden im Hauptgeschoss geplant, doch schon 1708 wurden diese aus klimatischen Gründen durch Fenster geschlossen und die Wandfläche darüber durch zum Teil verlorenen figürlichen Dekor gefüllt. Fischer überliefert seine ursprünglichen Intentionen in einem Stich in seiner »Historischen Architektur«. Die dreiflügelige, kompakt und streng wirkende Anlage wird durch ionische Säulen und Doppelpilaster gegliedert. Das große dreifache Wappen vom Erzstift Salzburg und den Auftraggebern Thun und Harrach auf der Attika schuf Michael Bernhard Mandl (1707). Im Inneren mit von zwei seitlichen Sälen begleitetem Festsaal und großem Stiegenhaus stammt die Stuckdekoration nach Entwürfen Fischers von Diego Francesco Carlone und Paolo d'Allio. Vom Freskenschmuck mit biblischen Szenen aus der Zeit Erzbischof Franz Anton Harrachs, den Giulio Quaglio ausführte, hat sich nur die Darstellung des *Dankopfers Noahs* in einem Cabinet erhalten. Das **Hoyos-Stöckl**, ein kleines Gartencasino mit Pilastergliederung, besticht durch seinen sternförmigen Grundriss, der aus Ovalen und Quadraten zusammengesetzt ist und so dem Haus lauter gleiche Ansichten verleiht. Das Dach war ursprünglich mit einer Statuenbalustrade geschmückt. Das Stöckl gilt als erster selbständiger Bau Fischers für Salzburg.

♦ **Wasserschloss Anif** (Anif; s. Übersichtskarte): Der Bau ist eines der schönsten neugotischen Schlösser und ein wichtiges Beispiel für die Architektur der Romantik. Ursprünglich diente eine hier erbaute kleine Wasserburg als erzbischöfliches Ur-

Wasserschloss Anif

baramt. Ab dem späten 17. Jh. war der Bau Sommersitz der Fürstbischöfe von Chiemsee. Nach der Säkularisation wurde der marode Bau von der bayerischen Regierung verkauft. 1837 konnte Alois Graf von Arco-Stepperg das Schloss erwerben, das 1838–48 durch den Berchtesgadener Salinenbaukondukteur Mennas Schönauer und durch Heinrich Schönauer umgebaut wurde. Als eigentlich leitender Entwerfer ist jedoch der Graf selbst zu sehen. Anif ist also als Dilettantenbau einzuordnen. Der Bau wirkt unregelmäßig und additiv aus kubischen Einzelformen gebildet. Deren Umrisse werden jedoch durch Zinnen usw. aufgelöst. Die Anregungen für die Gestaltung dürfte der bayerische Graf sowohl in München im dortigen Romantikerkreis um Graf Pocci und den Bildhauer Ludwig von Schwanthaler als auch auf einer Reise nach England und durch englische Publikationen vor allem von Augustus Pugin erhalten haben. Anif ist so stilistisch eine Mischung aus unterschiedlichen Vorbildern und bei aller Genauigkeit mancher Detailübernahmen keine sozusagen archäologische Nachempfindung der Gotik. Insgesamt besticht das leicht und grazil wirkende Schloss durch einen bildhaft-malerischen Charakter, der durch die Spiegelung im Weiher entsprechend verstärkt wird. Auch der umgebende Park in Form eines englischen Landschaftsgartens entspricht dem Charakter und der romantischen Tradition des Pittoresken. Schloss Anif stellt das erste Beispiel eines neugotischen Baus im Salzburgischen dar. In Schloss Anif – ausländischer Boden! – entband übrigens König Ludwig III. 1918 die bayerischen Beamten und Soldaten von ihrem Eid. Er hat nie offiziell abgedankt. Das Schloss ist nicht öffentlich zugänglich.

Großgmainer Pfarrkirche zu Unserer Lieben Frau Himmelfahrt (Großgmain; s. Übersichtskarte): Der bald nach 700 als Siedlung bezeugte Ort war vom 15. bis zum 17. Jh. bis zur Gründung von Maria Plain der bedeutendste Wallfahrtsort des Landes Salzburg. 1136 wurde die damals erstmals urkundlich genannte **Kirche** dem Stift St. Zeno bei Reichenhall übergeben, das das Gotteshaus bis zur Säkularisation betreute. Der Bau geht in seiner Grundform auf einen wohl der prosperierenden Wallfahrt zu verdankenden Neubau in den Jahren um 1500 zurück, der den Chor der Franziskanerkirche in Salzburg zum Vorbild hatte und den vermutlich Christian Inzinger ausführte. 1731 wurde jedoch das spätgotische Gewölbe samt sieben freistehenden Rundpfeilern im Chor entfernt und der Kirchenraum durch Tobias Kendler in einen barocken Saal verwandelt. Den zarten Bandwerk- und Gitterstuck schuf Michael Vierthaler 1734. Die vier Medaillons an der Decke freskierte Innozenz Warāthi 1735 mit der hl. Cäcilia mit musizierenden Engeln über der Orgelempore, Maria als Trösterin der Betrübten, der Gnadenmadonna von Großgmain mit einer Darstellung St. Zenos und Reichenhalls und der Krönung Mariens im Chor. 1751 wurde der Turm, dessen Unterbau keinen Durchgang zur Kirche besitzt, erhöht und mit einem Zwiebelhelm versehen. Der Hochaltar von Johann Georg Langmayr (1739) bewahrt das Gnadenbild, eine Schöne Madonna aus Steinguss. Sie entstand um 1400 in Salzburg und zählt zu den bedeutendsten Skulpturen dieses Typus. Das Jesuskind erscheint mit einem Apfel in seinen Händen als neuer Adam. Die Engel schuf Johann Schwaiger, die Altarfiguren der Hll. Rupert und Augustinus Georg Schwaiger 1728. Die Darstellung der Krönung Mariens im Auszug dürfte vom alten spätgotischen Flügelaltar stammen. Sie wird um 1495 datiert. Der Choraltar hinter dem Hochaltar ist ebenso wie die Seitenaltäre eine Arbeit von Georg Doppler. Die Bildhauerarbeiten, wieder Rupert und Augustinus, stammen von Johann Schwaiger. Die Altarblätter der beiden Seitenaltäre sind Werke von Jacob Zanusi, links der hl. Sebastian, rechts Mutter Anna mit Maria. Die Kanzel mit Reliefs von Johann Georg Hitzl entstand 1737. Die Konsolfigur des hl. Johannes Nepomuk an der Nordwand ist in die Mitte des 18. Jh.s zu datieren. Besondere Beachtung verdienen die an den Chorwänden angebrachten Tafeln des ehemaligen Flügelaltares von 1499, der im Zuge der Barockisierung zerlegt wurde. Sie werden dem namentlich nicht identifizierten Meister von Großgmain zugeordnet, doch sind verschiedene Hände zu unterscheiden. Es handelt sich um sechs Tafeln und einige Fragmente. Dargestellt sind die Darbringung Jesu im Tempel, der zwölfjährige Jesus im Tempel, das Pfingstwunder und der Tod Mariens, Maria mit dem Kind und Christus Salvator. Der Altar war der Gottesmutter Maria mit Szenen aus deren Leben gewidmet. Die Kirche besitzt auch eine kostbare Weihnachtskrippe. Für die Friedhofskapelle schuf Jakob Adlhart 1948 eine Pietà.

♦ **Salzburger Freilichtmuseum** (Großgmain; s. Übersichtskarte): Das über ein Gebiet von 50 ha in einem Landschaftsschutzgebiet am Fuße des Untersbergs verfügende Museum gibt mit zahlreichen Häusern aus den verschiedenen Gegenden Salzburgs einen Einblick in das ländliche Bauen, Wohnen und Arbeiten im Salzburger Land vom 15. bis zum 20. Jh.

Museen

Domquartier: Das 2014 eröffnete Domquartier mit seinem 1300 Meter langen Rundgang umfasst die Prunkräume der Residenz, die Residenzgalerie, die Nordoratorien im Dom als Ausstellungsbereich des Salzburg Museums, das Dommuseum in den Südoratorien, die Kunst- und Wunderkammer, die Lange Galerie und das Museum St. Peter im Wallistrakt. Der Zugang ist über das Dommuseum, über die Prunkräume der Residenz und über die Residenzgalerie möglich (I D6).

Dommuseum: Im seit 1974 bestehenden Dommuseum werden in wechselnden Ausstellungen 1300 Jahre Salzburger Kirchengeschichte lebendig. Zu den bedeutendsten ständig präsentierten Exponaten gehören das Rupertuskreuz aus vergoldetem Kupfer über Holz, das um 700/750 datiert wird und in Südengland gefertigt worden sein dürfte, und ein doppelarmiges Reliquienkreuz aus Ungarn (um 1100). Die Hostientaube aus Limoges (13. Jh.) stammt aus dem alten Dom, unter den aufklappbaren Flügeln befindet sich das Behältnis für die Hostien. Ein Missale von 1598/99 und eine Monstranz von 1596 erinnern an Erzbischof Wolf Dietrich. Gemälde von Paul Troger, Johann Michael Rottmayr, Karl Loth, Johann Heinrich Schönfeld und Kremser Schmidt und Reliefs von Georg Raphael Donner gehören ebenso zur Sammlung wie eine Schöne Madonna und Statuen von Meinrad Guggenbichler und Matthias Wilhelm Weissenkirchner. Das Museum bewahrt auch den Altar der ehem. Kapelle von Fürsterzbischof Schwarzenberg in der Residenz mit Gemälden von Georg Pezolt (1843/44). Von der zum Dommuseum gehörenden **Kunst- und Wunderkammer**, die gegen 1650 unter den Erzbischöfen Guidobald und Max Gandolph eingerichtet wurde, haben sich nur die originalen Schaukästen erhalten. Die Sammlungsstücke gingen nach der Säkularisation verloren, so dass die heutige Präsentation eine Rekonstruktion mit Leihgaben vor allem vom Stift St. Peter und Ankäufen darstellt; dennoch wird der Eindruck einer barocken Kuriositätensammlung mit Kunstprodukten und Naturalien umfassend veranschaulicht. Darüber hinaus kommen in einem der alten Vitrinenschränke wechselnde Installationen zeitgenössischer Künstler zur Ausstellung.

Museum St. Peter und Lange Galerie: Hier sind erstmals Teile der Sammlungen aus dem Besitz des Stiftes St. Peter in einer ständigen Präsentation öffentlich zugänglich gemacht. Ebenso sind die Bestände des ehem. Michael-Haydn-Museums dem Museum St. Peter angeschlossen worden. Neben der Darstellung der 1300 Jahre umfassenden Geschichte des Klosters finden sich hier wertvolle Musikinstrumente, Kleinplastiken, liturgisches Gerät und Gemälde, die einen Einblick in das Leben im Kloster geben und dessen Kunst- und Musikpflege veranschaulichen. Besonders erwähnt seien der sog. Heinrichskelch (12. Jh.), ein Pastoralstab aus Limoges (13. Jh.), die Keutzl-Mitra mit ihrem Edelsteinbesatz und das Keutzl-Pastorale (um 1480), der Mezgerkelch aus purem Gold (1699/1700), Wachsbilder von Johann Baptist Cetto (um 1730), der Ottobeuroner Altar und Gemälde von Johann Michael Rottmayr. Die heute zu Stift St. Peter gehörende Lange Galerie war einst die große Gemäldegalerie der Salzburger Erzbischöfe. Sie wurde 1657–61 durch Giovanni Antonio Dario errichtet und stellte somit eine der frühesten nördlich der Alpen dar. Die Stuckdekoration stammt von Johann Peter II. Spatz. Die heute ausgestellten Bilder stammen aus dem Besitz von St. Peter, besonders beachtenswert sind u. a. die sehr qualitätvollen Gemälde *Christus am Ölberg* und *Mater dolorosa* von Paul Troger (um 1750).

Nordoratorien: In dem für Wechselausstellungen des Salzburg Museums vorgesehenen Bereich werden Teile der Sammlung Kurt Rossacher präsentiert, die ehemals im Salzburger Barockmuseum im Mirabellgarten ausgestellt war.

Residenzgalerie: Europäische Malerei vom 16. bis zum 17. Jh. bildet den Bestand der Residenzgalerie, die jedoch nicht die ehem. bischöfliche Gemäldesammlung repräsentiert, die in der napoleonischen Zeit mehrfach geplündert und zerstreut wurde, sondern als Salzburger Landesgalerie 1923 gegründet wurde. Den Hauptbestand bilden die adeligen Privatsammlungen Czernin und Schönborn-Buchheim. Schwerpunkte stellen die niederländische Malerei des 17. Jh.s, darunter Peter Paul Rubens, Rembrandts *Betende alte Frau* und Landschaften von Jacob van Ruisdael, die französische und italienische Barockmalerei und die österreichische Malerei vom 17. bis zum 19. Jh. mit Werken von u. a. Johann Michael Rottmayr, Franz Anton Maulbertsch, Friedrich von Amerling, Ferdinand Georg Waldmüller und Hans Makart dar.

Prunkräume: s. Residenz (S. 44)

Georg-Trakl-Gedenkstätte: s. Waagplatz (I D6; s. S. 61)

Flugzeugmuseum: s. Hangar 7 (s. Übersichtskarte; S. 151)

Haus der Natur (Museumsplatz 5; I C5): Die ursprünglich zum Salzburger Museum Carolino Augusteum gehörende naturkundliche und technische Sammlung, seit 1924 eigenständig, hat ihren Sitz im ehem. Ursulinenkloster und dem ehem. Gebäude des heutigen Salzburg Museums. Zu den besonderen Höhepunkten gehören die Saurierhalle, die Aquarien, die Weltraumhalle, eine Eiszeitschau, das Science Center und die zahlreichen Dioramen, die das Haus der Natur weit über Salzburg hinaus bekannt gemacht haben.

Keltenmuseum: s. Salzburg Museum (S. 188)

Marionettenmuseum: s. Festung Hohensalzburg (S. 116)

Mozarts Geburtshaus (I D6) und **Mozart-Wohnhaus** (I D5): s. Getreidegasse (S. 63) und Makartplatz (S. 133)

Museum der Moderne Mönchsberg (I C5) und **Rupertinum** (I C6): Die durch Schenkungen des Galeristen und Verlegers Friedrich Welz an das Land Salzburg 1983 begründete

Sammlung hatte ihren ersten Standort mit Schwerpunkt Grafik im Rupertinum in der Altstadt und seit 2004 nach einem Wettbewerb für einen Neubau von 1998 zusätzlich einen neuen Hauptsitz und großzügige Ausstellungsflächen auf dem Mönchsberg mit einem Skulpturenpark im Außenbereich. Das mit wechselnden Ausstellungen arbeitende Haus besitzt in seinem Bestand neben Bildern von u. a. Gustav Klimt, Josef Mikl, Emil Nolde, Hermann Nitsch, Max Oppenheimer, Hubert Schmalix und Wilhelm Thöny eine umfangreiche Sammlung grafischer und druckgrafischer Arbeiten (u. a. Oskar Kokoschka, Paul Klee, Gustav Klimt, Alfred Kubin, Egon Schiele), eine Skulpturensammlung (u. a. Fritz Wotruba, Alfred Hrdlicka, Henry Moore, Erwin Wurm), die umfangreichste Sammlung zeitgenössischer österreichischer Fotografie, eine hochkarätige Fotodokumentation der Performancekunst des Wiener Aktionismus (Günter Brus, Otto Muehl, Hermann Nitsch, Rudolf Schwarzkogler) und zahlreiche Dauerleihgaben (z. B. Sammlung MAP mit Werken deutscher Künstler wie Anselm Kiefer, Jörg Immendorff, Markus Lüpertz, A. R. Penck, Stephan Balkenhol). Ein eigenes Geschoss ist der als Dauerleihgabe seit 2014 für 25 Jahre dem Museum überantworteten Sammlung der Wiener Generali Foundation mit v. a. konzeptueller Kunst gewidmet (u. a. Gordon Matta-Clark, Franz West, Valie Export, Walter Pichler, Bruce Nauman).

Salzburg Museum: Zum Museum gehören die Neue Residenz, das Panorama Museum, die Sammlung Kurt Rossacher, das Spielzeugmuseum, das Festungsmuseum, das Volkskundemuseum im Monatsschlössl, das Domgrabungsmuseum und das Keltenmuseum in Hallein. Im Bereich des Domquartiers dienen die nördlichen Domoratorien dem Museum als weitere Ausstellungsfläche. Die Museumsgeschichte reicht zurück ins 19. Jh., als Vinzenz Maria Süß mit Spenden von Salzburger Bürgern das Städtische Arsenal in Salzburg gründete.

1849 übernahm die Stadt das Museum und benannte es nach der Witwe von Kaiser Franz I., Caroline Auguste von Bayern, die die Patronanz übernommen hatte: Salzburger Museum Carolino-Augusteum. Ursprünglich im alten Getreidemagazin der Stadt in der Griesgasse und nach dessen Zerstörung im Zweiten Weltkrieg ab 1967 in einem Neubau untergebracht, übersiedelte das Museum Ende 2005 in die Neue Residenz. Das Museum präsentiert hier im zweiten Obergeschoss in den ehemaligen Prunkräumen Exponate zum Mythos Salzburg und zur Entwicklung Salzburgs als Touristenmagnet. Unter den Gemälden und Grafiken finden sich u. a. Landschaften von Friedrich Loos, der grafische Zyklus der *Sieben Gegenden aus Salzburg und Berchtesgaden* von Ferdinand Olivier und der *Sonntagsspaziergang* von Carl Spitzweg. Das Untergeschoss und das erste Obergeschoss sind Wechselausstellungen gewidmet. Die bedeutenden kunsthistorischen Sammlungsbestände zur Spätgotik in Salzburg (z. B. Conrad Laib, eine Ährenkleidmadonna von Rueland Frueauf d. Ä., die Kreuzigungsgruppe von Veit Stoß aus der Halleiner Salinenkapelle), ein romanisches Marientympanon (wohl aus dem alten Dom, um 1230), der altniederländische Flügelaltar des Meisters der Virgo inter virgines, Gemälde der Barockmaler Johann Michael Rottmayr, Paul Troger und Luca Giordano und Werke des in Salzburg geborenen Hans Makart fristen ein Schattendasein in Depots und sind der Öffentlichkeit die meiste Zeit entzogen, da sie nur fallweise in Wechselausstellungen gezeigt werden. Das durch einen unterirdischen Gang erreichbare Panorama Museum zeigt das Panorama Salzburgs von Johann Michael Sattler, das er 1825–29 in Zusammenarbeit mit Friedrich Loos und Johann Joseph Schindler schuf und mit dem er seinerzeit zehn Jahre durch Europa reiste. Panoramen – nach Walter Benjamin »Aquarien der Ferne« – in ihren überdimensionierten Formaten und der Steigerung des Seheindrucks waren ein typisches Phänomen des 19. Jh.s, das gegen eine geringe Gebühr die Schaulust der Massen befriedigte. Die Holz- und Tonmodelle und der umfangreiche Bestand an Entwurfszeichnungen und Ölskizzen der Sammlung Kurt Rossacher (ehem. im aufgelassenen Barockmuseum im Mirabellgarten, derzeit sind Teilbestände im Nordoratorium des Domquartiers ausgestellt) bieten einen Einblick in die Geschichte des künstlerischen Entwurfs. Unter den Schöpfern dieser Modelle und Entwürfe finden sich Namen wie Peter Paul Rubens, Luca Giordano, Giambattista Tiepolo, Franz Anton Maulbertsch, Gian Lorenzo Bernini und Ignaz Günther, um nur einige zu nennen.

Das Spielzeugmuseum im ehemaligen Bürgerspital ist vor allem eine Erlebniswelt für Kinder. Das Festungsmuseum präsentiert die Geschichte der Festung und bietet Einblick in das Wohnen und Leben im Mittelalter und der frühen Neuzeit. Das Volkskundemuseum im Monatsschlössel (Schloss Hellbrunn) ist der Salzburger Volkskultur gewidmet. Das nur in den Sommermonaten geöffnete Domgrabungsmuseum (Residenzplatz) führt zu den Fundamenten des romanischen Doms und zu Resten einer römischen Villa. Im ebenfalls zum Salzburg Museum gehörenden ♦ **Keltenmuseum in Hallein** sind bedeutende Funde der Keltenzeit ausgestellt, u. a. die berühmte Schnabelkanne. Es bietet aber auch Einblick in die Geschichte der Salzgewinnung am Dürrnberg und in jene der Stadt Hallein.

Salzburger Freilichtmuseum: s. Großgmain (s. Übersichtskarte; S. 182)

Salzburger Weihnachtsmuseum (Mozartplatz 2; I D6): Das 2014 im ehemaligen Café Glockenspiel eröffnete Privatmuseum präsentiert ganzjährig alte Krippen, historischen Weihnachtsschmuck, Adventskalender usw. aus dem Zeitraum 1840–1940.

Stefan Zweig Centre: s. Edmundsburg (I C6; s. S. 120)

Anhang

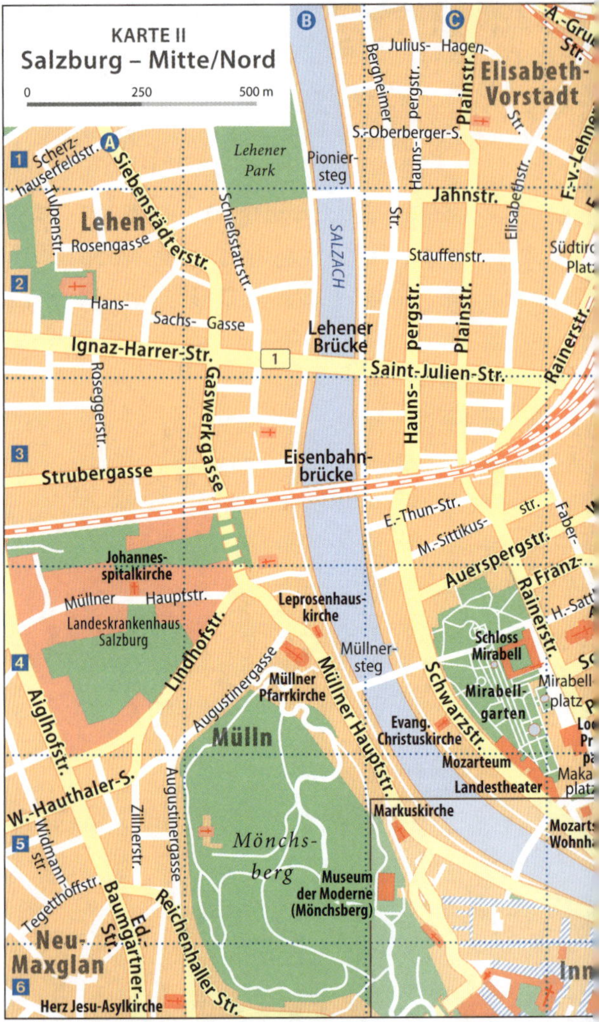

KARTE II
Salzburg – Mitte/Nord
0
250
500 m
Lehener Park
Pioniersteg
Salzach
Lehen
Siebenstädterstr.
Scherzhauserfeldstr.
Tulpenstr.
Rosengasse
Schießstattstr.
Hans-Sachs-Gasse
Ignaz-Harrer-Str.
Lehener Brücke
Roseggerstr.
Gaswerkgasse
Strubergasse
Eisenbahnbrücke
Johannesspitalkirche
Müllner Hauptstr.
Landeskrankenhaus Salzburg
Lindhofstr.
Leprosenhauskirche
Müllnersteg
Augustinergasse
Müllner Pfarrkirche
Mülln
Aiglhofstr.
W.-Hauthaler-S.
Widmannstr.
Zillnerstr.
Mönchsberg
Museum der Moderne (Mönchsberg)
Tegetthoffstr.
Baumgartner-Str.
Ed.-
Reichenhaller Str.
Neu-Maxglan
Herz Jesu-Asylkirche
Julius-Hagen-
Bergheimer
Haunspergstr.
Plainstr.
Elisabeth-Vorstadt
S.-Oberberger-S.
Jahnstr.
Elisabethstr.
Stauffenstr.
Saint-Julien-Str.
Rainerstr.
E.-Thun-Str.
M.-Sittikus-str.
Auerspergstr.
Faber-
Franz-
Rainerstr.
H.-Satt
Schloss Mirabell
Mirabellgarten
Mirabellplatz
Schwarzstr.
Evang. Christuskirche
Mozarteum
Landestheater
Markuskirche
Südtir
Plat
Maka
plat
Mozart
Wohnh
Inn
1
2
3
4
5
6
A
B
C

E
F
G
Magazinweg
Lagerhausstr.
150
Gnigler Str.
Vilniusstr.
Samergasse
Robinigstr.
Robinighof
Steinhauserstr.
Lastenstr.
Weiserhof-str.
Breitenfelderstr.
Vogelweiderstr.
Röcklbrunnstr.
Bayerhamerstr.
Schallmoos
Dr.-Hans-Lechner-Park
Paracelsusstr.
Roittnerstr.
Robinigstr.
R.-Kürth-Str.
feindstr.
Pauern-
1
150
Sternecksstr.
abelsbergerstr.
Canavalstr.
Lasser str.
Paracelsusstr.
Sterzhamerstr.
perg-str.
Bayerhamerstr.
Rupertgasse
Schallmooser Hauptstr.
W.-Dietrich-Str.
Str.
Franziski-schlössl
Glockengasse
Gasse
Sebastians-kirche
Kapuzinerberg
siehe KARTE I
Steingasse
akai
Imbergstr.
Pausingerstr.
Arenbergstr.
Bürglstein
150

Nachweis der Karten und Abbildungen

akg: S. 46; akg / Bildarchiv Monheim: S. 29
Fotolia / Christa Eder: S. 94; Fotolia / JFL Photography: S. 41; Fotolia / szirtesi: S. 67
Imago / Future Image: S. 117, 139, 145; Imago / Imagebroker: S. 108; Imago / Westend61: S. 161
Klaus Kühner, HüttenWerke: Karten in den Umschlagklappen, S. 24, 26, 191
Reclam Archiv: S. 130
Wikimedia Commons / Andreas Praefcke: S. 102; W. C. / Böhringer Friedrich: S. 83, 173; W. C. / Matthias Kabel: S. 75; W. C. / Pixelcreatures: S. 179; W. C. / Ra Boe Wikipedia: S. 151; W. C. / Snotty: S. 63; W. C. / Stefano Giustini: S. 129

Weiterführende Informationen

Literaturhinweise

1200 Jahre Dom zu Salzburg. 774–1974. Salzburg 1974.
1200 Jahre Erzbistum Salzburg. Dom und Geschichte. Festschrift. Salzburg 1998.
Ammerer, Gerhard / Ingonda Hannesschläger (Hrsg.): Strategien der Macht. Hof und Residenz in Salzburg um 1600. Salzburg 2011.
Barockberichte. Informationsblätter des Salzburger Barockmuseums zur bildenden Kunst des 17. und 18. Jahrhunderts. Salzburg 1990 ff.
Bauer, Günther Georg: Salzburger Barockzwerge. Salzburg 1989.
Bigler, Robert R.: Schloss Hellbrunn: Wunderkammer der Gartenarchitektur. Wien 1996.
Brucher, Günter: Barockarchitektur in Österreich. Köln 1983.
Dehio-Handbuch. Die Kunstdenkmäler Österreichs. Salzburg. Stadt und Land. Wien 1986.
Dopsch, Heinz: Kleine Geschichte Salzburgs. Stadt und Land. Salzburg 2001.
Dorn, Conrad: Der Friedhof zum Heiligen Sebstian in Salzburg. Salzburg 1969.
Ebhardt, Manfred: Die Salzburger Barockkirchen im 17. Jahrhundert. Baden-Baden 1975.
Eltz-Hoffmann, Lieselotte von / Oskar Anrather: Die Kirchen Salzburgs. Salzburg 1993.
Erzbischof Marcus Sitticus von Hohenems, 1612–1619. Salzburg 2012.
Festschrift St. Peter zu Salzburg. 582–1982. Salzburg 1982.
Fillitz, Hermann (Hrsg.): Geschichte der bildenden Kunst in Österreich. 6 Bde. München 1998–2002.
Franz, Rainald: Vincenzo Scamozzi (1548–1616). Peterberg 1999.
Fürsterzbischof Wolf Dietrich von Raitenau. Gründer des barocken Salzburg. Ausst.-Kat. Salzburg 1987.
Gobiet, Ronald (Hrsg.): Die Salzburger Mariensäule. Salzburg 2006.
– (Hrsg.): Kollegienkirche Salzburg. Das Meisterwerk des J. B. Fischer von Erlach. Salzburg 2013.
Gu, Chia-chun: Johann Casparo Zuccalli. Diss. Bonn 1987.

Heinisch, Reinhard Rudolf: Paris Graf Lodron. Wien 1991.
Juffinger, Roswitha (Hrsg.): Zentrum der Macht. Die Salzburger Residenz 1668–1803. Salzburg 2011.
– (Hrsg.): Zentrum der Macht. Die Kunstsammlungen der Salzburger Fürsterzbischöfe. Salzburg 2011.
Körner, Hans: Salzburg. Mit dem Stadtrand und der näheren Umgebung. Artemis-Cicerone. Zürich/München 1982.
Kovacsovics, W. K. / F. Moosleitner: Führer durch die Domgrabungen in Salzburg. Salzburg 1987.
Kronbichler, Johann: Der Salzburger Hofmaler Jacob Zanusi. 1679–1742. Salzburg 2001.
Kunst in Salzburg. A Modern Art Guide. Salzburg 2008.
Lippmann, Wolfgang: Der Salzburger Dom 1598–1630. Unter besonderer Berücksichtigung der Auftraggeber und des kulturgeschichtlichen Umfeldes. Weimar 1999.
Lorenz, Hellmut: Johann Bernhard Fischer von Erlach. Zürich 1992.
Nefzger, Ulrich: Salzburg und seine Brunnen. Spiegelbilder einer Stadt. Salzburg 1980.
Rott-Freund, Susanne: Fra Arsenio Donato Mascagni (ca. 1570–1637). Hildesheim 1994.
Salzburg Foundation: Kunstprojekt Salzburg. Moderne Kunst auf alten Plätzen. Wien 2012.
Schaber, Wilfried: Hellbrunn. Schloss, Park und Wasserspiele. Salzburg [3]2013.
Sedlmayr, Hans: Die demolierte Schönheit. Salzburg 1965.
– Johann Bernhard Fischer von Erlach. Wien 1976.
Seunig, Georg W.: Die städtebauliche Entwicklung der Stadt Salzburg unter Fürsterzbischof Wolf Dietrich. Zürich 1981.
Steinitz, Wolfgang: Salzburg. Kunst- und Reiseführer. Salzburg 1978.
Virgil von Salzburg: Missionar und Gelehrter. Salzburg 1985.
Weidl, Reinhard: Die Kirchen der Stadt Salzburg. Salzburg 1987.

Internetseiten

Allgemein:
www.salzburg.info
www.stadt-salzburg.at
de.wikipedia.org/wiki/Salzburg
www.salzburg.info/de/kunst_kultur

Stadtrundgänge/Führungen:
www.salzburg. info/de/sehenswertes/rundfahrten_fuehrungen/salzburg_entdecken

Museen:
www.salzburgermuseen.at
www.salzburg.info/de/sehenswertes/museen_in_salzburg

Kirchen:
www.salzburg.info/de/sehenswertes/kirchen-friedhoefe

Architektur:
archtour-stadt-salzburg.at/guide.php?inc=index

Musik, Festspiele, Theater:
www.salzburgerfestspiele.at
www.salzburg.info/de/kunst_kultur/musik
www.salzburg.info/de/kunst_kultur/theater_tanz_literatur
www.events.at/c/salzburg/theater

Öffentlicher Verkehr:
www.stadt-salzburg.at/internet/wirtschaft_umwelt/verkehr/oeffentlicher_verkehr.htm

Objektregister

Personenregister

Zur Autorin

HILDEGARD KRETSCHMER hat in Salzburg Kunstgeschichte studiert. Nach ihrer Promotion war sie Dozentin an den Universitäten München und Salzburg. Zu ihren Buchveröffentlichungen zählen u. a. die bei Reclam erschienenen Bände »Wie Jona vom Wal verschluckt wurde«, »Lexikon der Symbole und Attribute in der Kunst«, »Architektur der Moderne« sowie der »Städteführer Wien«.